고전책방

# 고전책방

임지은 지음

심플라이프

**작가의 말**

## 삶이 흔들릴 때마다
## 단단한 뿌리가 되어 준
## 고전 읽기

내가 고전을 즐겨 읽는 첫 번째 이유는 읽고 또 읽어도 제대로 다 읽은 것 같지 않다는 느낌 때문이다. 책장을 덮고 나면 늘 '내가 제대로 이해한 게 맞을까?', '또 다른 의미는 없을까?' 하는 물음표가 남는다. 고전은 특정 시대나 사조에 갇히지 않고, 언제 다시 펼쳐도 지금 내 삶과 이어지는 보편성과 깊이를 지닌다. 그래서 시간이 흘러 달라진 내가 책을 펼치면, 고전도 달라진 모습으로 내게 말을 건넨다. 읽는 순간마다 내 이야기처럼 다가오고, 번번이 지난번에 놓쳤던 의미가 새롭게 눈에 들어오니, 고전을 완전히 이해했다고 느끼는 순간은 어쩌면 영원히 오지 않을지도 모른다.

두 번째 이유는 고전 읽기가 '가성비 독서'이기 때문이다. 한 권의 고전에 수많은 문학 작품의 뿌리가 담겨 있다. 전쟁 영웅의 귀향 모험담을 다룬《오디세이아》(호메로스, 기원전 8세기경)에는《신곡》(단테 알리기에리, 1321년 완성),《율리시스》(제임스 조이스, 1922년),《반지의 제왕》(존 로널드 루엘 톨킨, 1954-1955년) 같은 수많은 걸작의 원형이 녹아 있다. 고전 한 권을 제대로 읽는 것은 웬만한 책 서너 권을 읽는 것과 맞먹는다. 독일의 대문호 괴테는 "전통을 배우는 자만이 자유로울 수 있다"는 말을 남겼다. 본질을 아는 자만이 새로운 것을 창조하고 응용할 힘을 갖는다는 의미다. 고전을 제대로 이해하면, 거기서 파생되는 수많은 작품을 훨씬 유연하게 받아들이는 힘이 생긴다. 특히 오늘날처럼 알고리즘이 권하는 '내가 좋아할 만한 콘텐츠'에만 갇혀 편향된 사고를 하기 쉬운 시대일수록 고전 읽기는 사고의 시공간을 넓히는 귀한 훈련이 될 것이다.

무엇보다 고전에는 '시대를 초월하는 현재성'이 있다. 인공지능 시대의 감시 체계에 대한 우려는 이미 70여 년 전의 작품인《1984》에 생생히 묘사되어 있다. 사랑과 결혼, 가족 문제 등 인간관계의 갈등은 100여 년 전 작품인 《안나 카레니나》에 놀라울 만큼 깊이 있게 드러나 있다. 고전은 과거에 머무는 텍스트가 아니라 현재 진행형 위로이자 제안이고 성찰이다. 그러니 내가 고전을 좋아한다고 해서 '과거 지향적'이라 불리고 싶지 않다. 오히려 현재를 속속들이 경험하고 살아 내는 것이야말로 진정한 '고전주의적 태도'라 믿는다. 스스로의 사고와 삶을 '고전'으로 남기려는 태도 말이다. 그러기 위해 우리는 어떤 작품이 지금까지 고전으로 살아남았는지, 그 메시지가 무엇인지 꾸준히 묻고 이해해야 한다.

몇 해 전 유튜브 채널 '고전책방'을 시작한 것도 같은 맥락이었다. 15분이라는 부담 없는 시간 안에 핵심 줄거리와 해설을 곁들여 소개해, 고전에 선뜻 다가가지 못하는 사람들의 막연한 두려움을 덜어 주고 싶었다. 때로는 짧은 영상이라 작품의 일부만을 담아낼 수밖에 없어 아쉽기도 했지만, "예전에 읽은 고전을 다시 펼치고 싶어졌다", "고전에 대한 거부감이 사라졌다"라는 구독자들의 반응이 인상적이어서 기꺼웠다. '고전 읽기'를 위한 건강한 자극을 만들어 내고 있다는 사실에 감사할 따름이다.

돌아보면, 이렇게 고전을 읽는 습관은 내가 사회적으로 성장하는 데도 큰 영향을 주었다. 나는 문과 출신의 내향형 인간이지만, 이공계의 역량이 중심이 되는 헬스케어 산업에서 대외협력과 정책 업무를 담당해 왔다. 숫자와 제도, 과학의 언어로 얽힌 복잡한 환경 속에서 수많은 이해관계자와 마주하며 방향을 잃지 않을 수 있었던 것은 고전 읽기를 통해 길러 온 맥락적 사고력 덕분이다. 다양한 역사 속에서 인간의 욕망과 갈등, 선택의 패턴을 읽어 내는 연습을 하다 보면, 현실의 복잡한 제도와 상황 또한 하나의 서사로 보이기 시작한다. 그때부터는 단순히 '정보를 해석하는 능력'이 아니라 '정보를 꿰어 맥락을 통찰하고 예측하는 감각'이 자라난다. 결국 고전은 내게 문해력 이상의 것을 주었다. 타인과 세상을 이해하는 감각, 복잡한 상황의 맥락을 집어내는 통찰, 그리고 낯선 분야에서도 길을 찾아가는 유연함까지… 지금의 나를 만들어 준 든든한 뿌리였다.

'고전책방'의 콘텐츠가 출판으로까지 이어질 줄은 예상하지 못했는데, 이번에 책을 펴내면서 영상에 담지 못했던 해석과 시대적 배경 설명을 보완해 새로운 이해와 흥미를 더하고자 했다. 이 책이 고전에 익숙하지 않은 이들에게는 부담 없는 길잡이가 되고, 이미 익숙한 이들에게는 고전에 더 큰 애정을 다지는 계기가 되기를 바란다.

고전은 무겁게 짊어져야 할 책이 아니라, 수시로 가볍게 읽고 나누며 오래도록 곁에 두어야 하는 책이다. 그러면 인생의 다양한 순간마다 또 다른 의미를 전해 줄 것이다. 무게 잡는 해석, 정답을 좇는 풀이에서 벗어나 일상에서 고전을 마주하는 즐거움을 나누는 데 이 책이 작은 보탬이 되기를 바란다.

책에서 얻은 영감을 그림으로 되살려 준 송록 언니와 조카 시현에게 진심 어린 감사와 사랑을 보낸다. 함께할 수 있어서 더 든든한 작업이었다.

2025년 가을 임지은

## 차례

작가의 말 ———————— 4

삶이 흔들릴 때마다
단단한 뿌리가 되어 준
고전 읽기

**1** ———————————————— 15

전체주의 권력의
무서움을 모르는
당신에게

### 1984 조지 오웰
작품의 시대적 배경 | 빅 브라더가 사회를 지배하는 방법 | 전체주의에 맞서는 사랑 | 인간 개조 _독자적인 정신의 말살 | 빅 브라더의 승리

**2** ———————————————— 31

끝없이 실패를
되새기는
당신에게

### 모비 딕 허먼 멜빌
복수의 항로 _ "흰고래 모비 딕을 잡아라!" | 운명을 거스르는 항해 | 다시 만난 모비 딕, 최후의 대결

**3** ———————————————— 43

인생 최대의
시련을 마주한
당신에게

### 죽음의 수용소에서 빅터 프랭클
작품의 시대적 배경 | 시련의 첫 단계 _ '집행유예 망상'과 충격 | 시련의 두 번째 단계 _ 무감각과 적응 | 시련에 맞서는 방식을 택할 자유 | 살아갈 이유와 목표 | 운명은 주어지는 것이 아니고 선택하는 것

## 4                                        55

사랑과 상실에
아파 본 적 있는
당신에게

**상실의 시대** (노르웨이의숲) 무라카미 하루키
상실 뒤에 남겨진 사람들 | 미도리의 등장 | 치유 되지 못한 몸과 마음 | 사랑과 책임 사이 | 어른이 되는 시간

## 5                                        67

자꾸 고독 속에
숨기만 하는
당신에게

**백년의 고독** 가브리엘 가르시아 마르케스
작품의 시대적 배경 | 호기심 뒤에 찾아온 고독 | 혁명의 미완성 뒤에 찾아온 고독 | 대학살의 참상 뒤에 찾아온 고독 | 대홍수와 가문의 종말

## 6                                        81

자신만의
틀 안에 머무는
당신에게

**오만과 편견** 제인 오스틴
작품의 시대적 배경 | 편견을 부르는 오만한 남자 | 잘못된 청혼, 깊어져 가는 편견 | 틀을 발견하는 순간 | 오만과 편견을 넘어선 사랑의 완성

## 7                                        95

꿈을 향해
돌진하는
당신에게

**돈키호테** 미겔 데 세르반테스 사아베드라
작품의 시대적 배경 | 돈키호테 데 라만차_풍차를 향해 돌진하는 남자 | 삶, '사로잡힘'의 또 다른 이름 | 속고 속이는 세계, 그 안의 선택 | 기사의 최후

## 8                                        109

휩쓸리지 않는
사랑과 자유를
꿈꾸는 당신에게

**닥터 지바고** 보리스 파스테르나크
작품의 시대적 배경 | 총성과 함께 시작된 인연 | 모든 것을 뒤엎은 혁명의 시작 | 혁명 속 '진짜 삶'을 찾아서 | 이념의 시대, 스러져 간 이름들

## 9 — 123

"왜 내겐 진실한 친구가 없을까?"라고 묻는 당신에게

**위대한 유산** 찰스 디킨스

선량한 마음과 허영의 씨앗 | 화려한 신사들의 세계로 | '위대한 후견인'의 정체 | 허상을 벗는 시간 | '위대한 친구'가 되는 법

## 10 — 137

'사랑의 덧없음'을 아는 당신에게

**설국** 가와바타 야스나리

새하얀 설원 속, 볼 빨간 여인 | 메아리처럼, 닿지 않는 마음 | 은하수 아래 이별

## 11 — 147

사랑의 어두운 이면이 궁금한 당신에게

**폭풍의 언덕** 에밀리 브론테

야생에서 이성으로, 갈라지는 두 세계 | 사랑을 선택하지 못한 밤 | 폭풍 같은 복수의 시간 | 유령이 되어 재회하다

## 12 — 161

'나'라는 잘못된 신념의 감옥에 갇힌 당신에게

**죄와 벌** 표도르 도스토옙스키

작품의 시대적 배경 | 오만과 고독이 낳은 도끼 살인 | 비범한 명분, 비웃음으로 되돌아오다 | 타인을 도우며 싹트는 구원 | 죄의 자백 | '나'라는 감옥을 벗어나

## 13 — 175

세상의 변화가 두려운 당신에게

**장미의 이름** 움베르토 에코

작품의 시대적 배경 | 웃음의 금기를 둘러싼 죽음 | 장서관의 미로 속으로 | 죽음을 부르는 서책 | 어리석은 신념의 종말

## 14

열정은
언젠가 식는다는
사실을 모르는
당신에게

**안나 카레니나** 레프 톨스토이 — 189

위험한 불꽃 | '숨 쉴 틈 없는 결혼'의 균열 | 모든 것을 내던지는 사랑의 도피 | 사랑의 두 얼굴 _ 열정과 인내 | 사랑의 소멸과 집착 | "하느님, 나의 모든 것을 용서하소서"

## 15

쉽게 상처받으며
타인이 두려운
당신에게

**인간 실격** 다자이 오사무 — 203

광대 가면 뒤에 숨은 아이 | '비합법의 세계'로의 도피 | 세상의 잣대인가, 개인의 주관인가? | 인간 실격, 그리고 잃어버린 구원

## 16

약자들의 시선을
이해하고 싶은
당신에게

**앵무새 죽이기** 하퍼 리 — 215

작품의 시대적 배경 | 이해할 수 없는 사람들 | 패배를 두려워하지 않는 용기 | 앵무새를 죽인 사회 | 약자의 시선으로 바라본 세상

## 17

익숙한 것과
결별하기가 두려운
당신에게

**브람스를 좋아하세요…** 프랑수아즈 사강 — 229

중년의 체념, 청춘의 직진 | "브람스를 좋아하세요?" | 익숙함과의 결별 | 청춘이 끝나는 시점

## 18

'나를 온전히
이해해 줄
단 한 사람'을 찾는
당신에게

**나의 라임오렌지나무** J. M. 바스콘셀로스 — 241

악동 꼬마 안의 '노래하는 작은 새' | 이해와 소통의 시작 | 어른의 잣대가 만든 폭력 | 때 이른 이별, 영원히 남은 사랑

## 19 — 255

삶과 사랑 앞에서 주저하는 당신에게

**그리스인 조르바** 니코스 카잔차키스

작품의 시대적 배경 | 조르바와의 첫 만남 | 눈앞의 닭고기 밥을 대하는 자세 | 이념을 말하는 사람 VS 이념을 살아 내는 사람 | 패배로부터의 해방 | 천년을 살아도 풀지 못할 신비

## 20 — 269

'세상의 시선보다 나의 꿈!'을 외치는 당신에게

**달과 6펜스** 서머싯 몸

작품의 시대적 배경 | '달'을 향한 첫걸음 | 파리의 고독한 천재 | 사랑은 속박, 예술은 자유 | 타히티섬에서 완성된 '달의 세계' | '6펜스의 세계'에 남겨진 사람들

## 21 — 283

아주 평범한 삶을 사는 아주 평범한 당신에게

**스토너** 존 윌리엄스

문학, 삶을 변화시키다 | '이 결혼은 실패작' | 한 번의 사랑, 영원한 상실 | 실패 너머, 누구도 흔들 수 없는 삶

## 22 — 295

'나 홀로 방황'을 거듭하는 당신에게

**싯다르타** 헤르만 헤세

숲 _ 정신적 수행의 세계 | 도시 _ 육신과 감각의 세계 | 강 _ 생명과 회복의 세계 | 떠나간 아들이 남긴 것 | 옴 _ '홀로 선 자아'에서 '함께 나아가기는 우리'로

**일러두기**

이 책은 저자가 운영하고 있는 유튜브 채널 '고전책방'(@go_readclassic)에서 다룬 내용을 바탕으로 새로운 해석과 생각들을 더해 엮은 것입니다. 책 제목과 등장인물의 이름, 인용문은 원전을 정확하게 반영하려고 노력했으나 번역본에 따라 표현이 조금씩 달라, 의미가 훼손되지 않는 선에서 바꾸어 표현했다는 사실을 밝힙니다.

**1**

전체주의 권력의
무서움을 모르는
당신에게

1984
조지 오웰

## 전체주의 절대 권력

### 빅 브라더
전체주의 체제 아래 당이
사람들의 존경과
공포심을 결집하기 위해
만들어 낸 가상의 존재

### 오브라이언
빅 브라더의 감시 체제로
운영되는 전체주의
사회의 숨은 조종자

**VS**

## 개인의 자유와 사고

### 윈스턴
감시와 통제의 사회에서
감수성과 사랑을 지키며
당 체제에 맞서는 인물

### 줄리아
윈스턴의 연인으로
금지된 사랑을 통해 당에
반항하는 인물

그들은 의식이 돌아올 때까지 반란을 일으키지 않을 것이다.
그러나 반란이 일어나기까지
의식을 찾을 수 없을 것이다.

**작품의 시대적 배경**

《1984》가 처음 출간된 1949년 직전에는 전체주의가 유럽을 비롯한 세계 곳곳에 강력한 영향을 끼쳤다. 이탈리아의 파시즘, 독일의 나치즘, 소련의 스탈린주의는 모두 개인의 자유와 비판적 사고를 억압하고 국가권력에 대한 맹목적 충성을 강요하는 전체주의 체제였다. 이 전체주의 체제와 이념을 유지하려는 세력과 저지하려는 세력 사이에 제2차 세계 대전이 일어나 수많은 사람이 국가와 이념의 이름으로 무고한 희생을 치러야 했다. 전쟁이 끝난 뒤에도 자본주의와 공산주의라는 이념을 바탕으로 세계를 두 진영으로 나누어 팽팽한 냉전 상태를 유지했고, 두 진영의 사람들은 이념의 틀에 철저히 갇혀 살아야 했다.

전체주의의 태동과 폭력적인 확산, 그리고 냉전 시대의 시작을 눈앞에서 지켜본 조지 오웰은 시대의 거대한 이데올로기에 짓눌린 개인의 행복과 자유가 어디까지 축소될 수 있는지를 누구보다 치열하게 고민했던 작가다. 《1984》 속 빅 브라더가 이끄는 전체주의 사회의 모습은 실제 현실에 존재했던 다양한 전체주의 체제에서 영감을 얻은 것이다.

◆

2013년 미국 국가안보국<sup>NSA</sup>의 전 직원 에드워드 스노든이 미국 정부가 인터넷과 통신망을 이용해서 '빅 브라더'처럼 전 세계 사람들의 모든 정보를 무차별적으로 감시하고 있다고 폭로해 세계적인 파문을 일으켰다. 여기서 말하는 '빅 브라더<sup>Big Brother</sup>'는 조지 오웰의 소설 《1984》에 등장하는 가공의 국가 오세아니아의 독재자로, 전체주의 감시 체제의 상징이다. 《1984》는 개인의 자유를 억압하고 경험과 지식, 감정까지 철저히 말살하려는 전체주의 권력에 맞서는 인간의 투쟁을 그린 작품으로, 출간된 지 70여 년이 지난 오늘날까지 현대 사회의 감시와 통제 문제를 성찰하게 하는 고전으로 남아 있다.

영국 식민지였던 인도에서 영국인 하급 관리의 아들로 태어난 조지 오웰(1903-1950)은 어린 시절 영국으로 건너와, 당시 상류층 자제들이 다니는 명문 사립학교 이튼칼리지에 장학생으로 입학했다. 그러나 하급 중산층 출신에 몸도 허약했던 오웰은 이튼 시절 내내 상류층 중심의 학교 문화 속에서 차별과

멸시를 받으며 자신의 개성을 인정해 주지 않는 엘리트주의와 권위주의에 깊은 반감을 품었다. 이러한 경험은 훗날 그의 문학 세계에 강하게 반영되어, 권력과 억압에 대한 통렬한 비판으로 발전한다.

기성 엘리트 체제를 거부한 오웰은 대학 진학을 포기하고 식민지 버마(현 미얀마)에서 제국 경찰로 근무하며, 제국주의의 폭력성과 공권력의 민낯을 낱낱이 목격했다. 이후 파리와 런던의 노동자 거주 지역에서 가난한 작가 생활을 하며 빈민층의 삶을 경험했다. 또한 민주주의, 공산주의, 파시즘 등 다양한 이념이 치열한 각축전을 벌이던 스페인 내전에도 참전해 각종 이념이 낳는 폐해와 허상을 생생히 목격했다. 이러한 경험들은 전체주의 권력이 극대화된 사회가 개인의 존엄과 자유를 어떻게 짓밟는지를 통찰하게 만들었다. 오웰은 《1984》를 통해 전체주의와 이데올로기의 어두운 본질을 날카롭게 고발하고, 개인의 가치와 자유의 소중함을 강조하고자 했다.

이 작품에서 절대 권력 '빅 브라더'가 지배하는 전체주의 사회를 살아가는 윈스턴은 몰래 일기를 쓰며 당에 맞서 독자적인 사고를 하고, 당에서 금지한 정신적 사랑과 육체적 쾌락에 빠지며 체제에 반기를 든다. 과연 빅 브라더에 맞서는 윈스턴의 반란이 성공할 수 있을지, 이야기는 철저한 감시와 통제가 일상화된 1984년의 가상 세계에서 시작된다.

## 빅 브라더가
## 사회를 지배하는 방법

소설 속 1984년의 세계는 오세아니아, 유라시아, 이스트아시아 세 개의 초대형 대륙으로 나뉘어 있다. 주인공 윈스턴은 그중 오세아니아에서 살아가는 서른아홉 살의 하급 당원이다. 이 대륙을 지배하는 당은 자유, 사랑, 희망 등 개인의 모든 감정과 기억을 완전히 말살하고 오직 당에 대한 충성심만 남기기 위해 사람들을 철저히 통제하고 감시한다.

시내 곳곳에 검은 수염이 덥수룩한 남자의 얼굴 아래 "빅 브라더가 당신을 지켜보고 있다Big Brother is watching you"라는 문구가 적힌 큼지막한 포스터가 붙어 있다. 모든 일터와 가정에는 곳곳에 흐릿한 거울처럼 생긴 '텔레스크린'이 설치되어, 이를 통해 당이 24시간 내내 사람들을 감시하고 선동 메시지를 끊임없이 전송한다. 빅 브라더는 실존 인물이라기보다는 당이 사람들의 존경심과 공포심을 결집하기 위해 만들어 낸 가상의 존재였다.

당은 체제를 유지하기 위해 세 가지 방법을 사용한다. 첫째, 사람들의 자유로운 사고를 제한하기 위해 언어를 통제한다. 사전의 단어 수를 대폭 축소하고, 비판적 사고나 불온한 사상을 표현하지 못하도록 의미가 축소된 단일한 의미의 '신어'를 쓰라고 강요한다. 둘째, 당의 현재 입장에 반하는 과거의 기록을 모두 제거해 사람들에게 당이 역사 속에서 항상 옳았다는 인식을 심어 준다. 당의 모토는 "과거를 지배하는 자는 미래를 지배하고, 현재를 지배하는 자는 과거를 지배한다"였다. 이에 따라 불리한 역사적 기록을 서슴없이 왜곡, 날조한다. 마지막으로 다른 대륙들과의 전쟁을 끝내기보다는 전쟁 상태를 계속 유지하는 전략을 펼친다. 과학 기술의 발달로 부가 늘어나 모두가 시간적 여유와 경제적 안정을 찾으면, 먹고사는 데 급급해 사회적 현실에 무지했던 대중이 깨어나 소수의 특권층이 독점하던 권력을 빼앗으려 들 수 있기 때문이다. 당은 이를 막으려고 대중의 안락한 삶을 위해 쓰여야 할 자원과 노동력을 무기를 만드는 데 쏟아붓고 전쟁터에 투입한다.

윈스턴은 당의 기록국에서 일하는 하급 당원으로, 당의 정책이 바뀔 때마다 과거의 모든 공공 기록에서 현재의 정책에 반하는 내용을 찾아내 삭제하거나 수정하는 일을 했다. 그러던 어느 날 빈민가의 한 골동품 가게에서 옛날식 노트를 구입해, 텔레스크린의 감시를 피할 수 있는 방 안 구석에 앉아 일기를 쓰기 시작한다. 당원은 침대에 들 때를 제외하고는 혼자 사색하거나 글 쓰는 것이 금지되있지만, 윈스턴은 몰래 일기를 쓰며 빅브라더와 당에 맞서 독자적으로 사고하는 법을 배워 나간다.

## 전체주의에 맞서는 사랑

어느 날 윈스턴은 기록국 복도에서 평소 자신을 빤히 쳐다보던 까만 머리의 젊은 여자와 마주친다. 그녀는 텔레스크린의 감시를 피해 윈스턴에게 쪽지를 건넨다. 놀랍게도 그 쪽지에는 커다랗고 멋없는 글씨로 쓴 '당신을 사랑합니다'라는 문구가 적혀 있었다. 며칠 뒤 붐비는 거리에서 다시 마주친 그녀는 텔레스크린의 감시를 피할 수 있는 외진 숲의 위치를 알려 주었고, 두 사람은 그곳에서 만난다.

그녀는 자신의 이름은 줄리아이고 나이는 스물여섯이며, 기록국에서 소설 창작하는 일을 한다고 소개한다. 줄리아는 윈스턴을 처음 본 순간 자신처럼 당에 반항심을 품고 있다는 것을 알아차렸고, 그래서 처음부터 끌렸다고 고백한다.

줄리아는 윈스턴 앞에서 과감하게 옷을 벗어 던지며, 자신은 이미 부패한 당원들과 수십 번은 더 자 봤다며 그를 유혹한다. 사실 당은 결혼의 유일한 목적은 당에 봉사할 아이를 낳는 것이고, 성행위 자체는 더럽고 역겨운 일이라고 교육하며 인간의 성 본능조차 제거하려고 했다. 윈스턴은 줄리아와 사랑을 나누는 것은 단순히 욕정을 해소하는 일일 뿐 아니라 당에 일격을 가하는 정치적 행위라고 생각하며 짜릿함을 느낀다. 줄리아 또한 당이 사람들의 성욕을 박탈해 거기서 오는 히스테리를 전투열戰鬪熱과 당에 대한 숭배로 전환한다고 비꼰다.

"사랑을 나누면 정력이 빠져나가고, 그다음엔 마음이 편안해져요. 그래서 뭐든 하고 싶은 생각도 사라지죠. 당은 그런 상태를 용납하지 않아요. 그 사람들이 원하는 건 정력을 잔뜩 억눌러 놓는 거예요. 왔다 갔다 행진하고, 소리치고, 깃발을 흔드는 것, 그 모든 게 결국 성적 에너지의 왜곡된 배출이에요. 이 왜곡된 에너지가 당에 대한 광적인 맹신에 쓰이는 거죠. 사랑에 빠져 행복한 사람이 빅 브라더나 3년 계획 따위에 흥분하겠어요?"

숲에서 뜨거운 사랑을 나눈 두 사람은 이후 당과 텔레스크린의 감시를 피해 빈민가의 뒷골목이나 으슥한 교회 같은 곳에서 남몰래 만남을 이어 간다. 그러다 윈스턴이 일기장을 샀던 골동품 가게 주인에게서 텔레스크린의 감시가 없는 상점의 2층 방을 빌려, 그곳을 둘만의 밀회 장소로 이용한다.

두 사람은 함께하며 당에 대한 반항심을 너욱 키워 나간다. 그런 가운데 모든 일에서 당의 활동에 비판적인 태도를 보이는 또 다른 당원 오브라이언이 눈에 들어온다. 그들은 오브라이언을 찾아가 자신들도 그가 속한 반체제 조직에 들어가게 해 달라고 부탁한다. 사랑을 나누며 당의 금기를 깬 그들은 이제 당 체제를 완전히 전복하려는 꿈을 꾸는 것이다. 오브라이언은 그들을 반갑게 맞으며, 조만간 당을 무너뜨릴 전략이 담긴 책을 보내 주겠다고 약속한다.

**인간 개조 _**
**독자적인 정신의 말살**

어느 날 윈스턴과 줄리아가 골동품 가게 2층 방 창가에 서서 밖을 내다보는데, 갑자기 등 뒤에서 낯선 목소리가 들려온다.

"너희는 죽은 목숨이다."

방 안은 순식간에 검은 제복을 입고 곤봉을 든 사상경찰들로 가득 찬다. 골동품 가게의 방은 윈스턴과 줄리아를 감시하는 사상경찰들이 교묘하게 꾸민 함정이었고, 골동품 가게 주인 또한 사상경찰이었다. 그들은 하얗게 질린 윈스턴과 줄리아를 폭행해 서로 다른 감옥으로 끌고 간다.

윈스턴은 감옥에서 간수들의 무차별적인 폭행과 고문에 시달리며, 그들이 원하는 대로 온갖 거짓 자백을 늘어놓는다. 그러나 어떤 자백을 하더라도 줄리아에 대한 마음만은 결코 배신하지 않겠다고 굳게 다짐한다.

그렇게 한참 모진 고문을 당하다 눈을 뜨니 침대에 묶인 채였고, 놀랍게도 오브라이언이 그 옆에 서 있었다. 그는 반역의 무리가 아닌 사상경찰의 우두머리였던 것이다. 오브라이언은 당의 목표는 반역자들을 죽이거나 파멸시키는 것이 아니라, 그들의 정신을 완전히 장악해서 당을 사랑하고 충성하는 새로운 인간으로 '개조'하는 것이라고 말한다. 이에 윈스턴은 "인간의 정신은 결코 완전히 장악할 수 없어요!"라고 외치며 저항한다.

그러자 오브라이언이 윈스턴을 벌거벗겨 거울 앞에 세운다. 윈스턴은 거울 속에서 오랜 고문으로 짐승처럼 초췌하고 지저분해진 자신의 모습을 발견한다. 이와 머리카락이 빠지고, 체중도 줄고, 온몸이 끔찍한 고름과 상처로 뒤덮여 있었다. 그는 추악해진 자신의 몸뚱이를 보고 짐승처럼 울음을 터뜨린다. 인간 정신의 고귀함을 외쳤던 그가 추레한 육신의 모습 앞에서 끝내 무너져 내린 것이다.

이후 갑자기 윈스턴에 대한 처우가 달라진다. 따뜻한 물이 나오는 침대방으로 옮겨 주고, 고기가 들어간 음식을 주며, 상처에 약도 발라 준다. 윈스턴은 곧 다시 살이 차오르며 건강을 회복하는데, 이는 모두 오브라이언의 계산된 배려였다. 고통 뒤에 찾아온 안락함은 윈스턴의 저항 의지를 조용히 무너뜨리고 있었다. 그는 자신을 이렇게 보살펴 주는 당의 권력에 반항하겠다고 나선 것이 어리석고 무모했다고 느끼기 시작한다.

이제 당이 원한다면 '둘 더하기 둘은 넷'이 아니라 '다섯'이라고 해도 믿을 수 있게 된 자신을 발견한다.

그러나 오브라이언은 윈스턴이 진짜 당원으로 살아가기 위해서는 아직 한 가지 관문이 남았다고 말한다. 바로 줄리아를 마음 깊은 곳에서 진심으로 배신하는 것이다. 그래야만 윈스턴이 마지막으로 부여잡은 '사랑'이라는 독자적인 정신을 완전히 말살할 수 있기 때문이다. 오브라이언은 어느 날 윈스턴을 악명 높은 '101호실'로 끌고 간다. 그곳은 수감자가 가장 공포스러워하는 것을 이용해 정신을 완전히 무너뜨리는 고문의 방이었다. 윈스턴은 평소 쥐만 보면 극심한 공포를 느꼈는데, 오브라이언이 이런 사정을 꿰뚫고 있었다. 그는 윈스턴의 얼굴 앞에 식인 쥐가 든 철제 상자를 들이대고, 상자의 뚜껑을 조금씩 열어 가며 점점 가까이 가져간다. 극한의 공포에 질린 윈스턴은 눈이 뒤집힌 채 떨었으며, 이미 머릿속에서는 줄리아의 얼굴조차 사라지기 시작한다. 결국 그는 절규하며 완전히 무너져 내린다.

"안 돼! 제게 하지 마세요! 줄리아한테 하세요! 그 여자한테 무슨 짓을 해도 상관없어요!"

쥐에 대한 극심한 공포 때문에 줄리아를 마음 깊은 곳에서부

터 배신한 것이다. 그 순간, 윈스턴 안에 남아 있던 마지막 독자적인 정신도 깨지고 만다.

## 빅 브라더의 승리

감옥에서 석방된 윈스턴은 다시 직장을 얻어 근근이 생계를 이어 간다. 누렇게 변한 얼굴로 카페 구석에서 술을 마시며 텔레스그린의 실시간 속보에 귀 기울이는 것이 그의 일상이었다.

어느 날 윈스턴은 거리에서 우연히 줄리아와 마주친다. 그녀도 윈스턴만큼이나 추하게 변해 있었다. 누렇게 뜬 얼굴에는 큰 흉터가 남았고, 허리는 굵어졌으며, 눈에서 생기가 사라져 버렸다. 그녀는 경멸에 찬 시선으로 윈스턴을 바라보며 "나는 당신을 배신했어요"라고 말한다. 윈스턴 또한 고개를 끄덕이며 자신의 배신을 고백한다. 그렇게 두 사람은 더는 사랑도 증오도 남지 않은 얼굴로 잠시 서로를 바라보다 인파 사이로 조용히 멀어진다.

윈스턴은 다시 카페에 앉아 텔레스크린에서 흘러나오는 승전 소식을 들으며 술잔을 기울인다. 그리고 마침내 자신이 빅 브라더를 진심으로 사랑하게 되었음을 깨닫는다. 줄리아에 대한 사랑을 떠나보낸 윈스턴의 텅 빈 마음속에 빅 브라더가 굳건히 자리를 잡은 것이다. 그는 이제 독자적인 정신을 가진 인간이 아니라 당의 이념이 구겨 넣어진 당의 부속품이자 선전 도구에 지나지 않았다.

> 윈스턴은 빅 브라더의 커다란 얼굴을 바라보았다. 그 검은 수염 아래 감추어진 미소의 의미를 깨닫는 데 40년이 걸렸다. 오, 잔인하고도 불필요했던 오해여! 오, 사랑의 품을 떠나 스스로 택한 고집스러운 유형이여! 술 내음이 밴 두 줄기 눈물이 코 옆으로 흘러내렸다. 하지만 이제 모든 것이 끝났다. 싸움은 끝나고, 그는 마침내 자신과의 싸움에서 승리했다. 그는 빅 브라더를 사랑하고 있었다.

♦

《1984》는 전체주의 권력이 인간의 물리적 자유를 넘어 '사랑'이라는 정신적 영역까지 철저히 파괴하는 과정을 보여 준다. 이 작품은 마치 우리에게 "당신은 지금 얼마나 자유로운가?"라고 묻는 듯하다.

《1984》의 세계는 아직도 지구 곳곳에서 현실로 나타나고 있다. 중동 지역의 무력 충돌, 미국과 중국 간의 새로운 냉전 구도, 러시아의 우크라이나 침공 등 여전히 이념과 민족주의, 체제의 우월성을 내세우는 전체주의적 문화가 일으킨 분쟁과 갈등이 끊이지 않는다. 그 속에서 '안보'나 '정의'의 이름으로 개인의 자유와 권리가 박탈되는 상황도 반복되고 있다. 또한 에드워드 스노든이 폭로한 것처럼 인터넷과 통신망, AI 등이 국가를 넘어서는 우리 시대의 또 다른 빅 브라더가 되어, '보이지 않는 감시와 통제 시스템'을 일상 깊숙이 퍼뜨리고 있다. 그 감시와 통제 수준은 감히 상상조차 하기 어려울 지경이다.

권력은 감시와 통제를 통해 스스로를 유지하려는 습성을 지녔기에 권력이 커질수록 감시와 통제가 더욱 강화된다. 오웰은 그 끝은 결국 인간의 본성을 말살하는 '인간 개조' 수준에 이를 수 있다고 강력히 경고했다. 어떤 이념도 체제도 권력도 기술도 인간의 온전한 자유 위에 군림하지 않도록 부단히 감시하고 경계해야 할 것이다. 또한 저마다 자신이 잠시 가진 자유나 기회가 다른 사람의 소중한 자유나 기회를 빼앗는 또 다른 권력은 아닌지 끊임없이 돌아보아야 할 것이다.

# 2

끝없이 실패를
되새기는
당신에게

**모비 딕**
허먼 멜빌

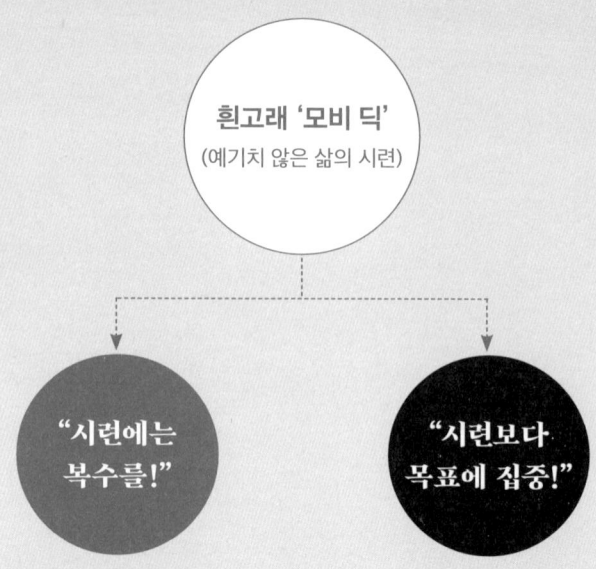

**에이해브 선장**
40년간 고래 잡는 일을 한 베테랑 외다리 선장. 자신의 다리를 앗아 간 모비 딕에게 복수하기 위해 추적을 거듭하다 태평양 한가운데서 침몰함

**일등 항해사 스타벅**
시련에 집착하기보다 목적지를 향해 나아가는 데 집중하는 인물

바다: 우리가 헤쳐 나가야 하는 삶
바람, 태양, 파도: 운명과 대자연의 힘

> "모든 것을 파괴하지만 정복하지 않는 고래여!
> 나는 너에게 달려간다. 나는 끝까지 너와 맞붙어 싸우겠다.
> 지옥 한복판에서 너를 찔러 죽이고,
> 증오를 담아 내 마지막 입김을 너에게 뱉어 주마."

《모비 딕》(1851)은 《리어왕》, 《폭풍의 언덕》과 함께 '영문학 3대 비극'으로 꼽히는 작품으로, 예측할 수 없는 파도와 위험이 도사리고 있는 망망대해 같은 삶을 어떤 자세로 헤쳐 나가야 하는지를 묻는 고전이다.

작가 허먼 멜빌(1819-1891)은 미국 뉴욕의 부유한 상인 집안에서 태어났지만, 열두 살 때 아버지가 사업에 실패하고 갑작스레 죽음을 맞으면서 가세가 급격히 기운다. 그는 가족의 생계를 위해 열아홉 살에 화물선 선원으로 처음 바다에 나섰고, 이후 대서양과 태평양을 누비며 고래잡이배도 타고 섬에 갇혀 몇 달간 식인종들과 함께 생활하기도 했다. 이런 풍부한 해양 경험을 바탕으로 20대부터 여러 편의 해양 소설을 발표하다가 서른한 살에《모비 딕》을 완성한다. 이 작품은 출간 당시 거의 주목을 받지 못했고, 멜빌은 온갖 생계형 직업을 전전하는 '잊힌 작가'로 생을 마감했다. 그런데 1920년대에 미국의 문학 평론가들이 이 작품을 재조명하면서 수십 년간 심연에 가라앉아 있던《모비 딕》이 '20세기 미국 문학의 정수'로 떠오른다.

《모비 딕》은 포악하기로 소문난 흰고래 '모비 딕'과 그에게 한쪽 다리를 잃은 에이해브 선장이 펼치는 숙명의 대결을 그리고 있다. 이 작품에서 '바다'는 우리가 헤쳐 나가야 하는 삶을, '흰고래 모비 딕'은 삶 속에서 만나는 예기치 않은 시련을, 고래잡이 배를 이끄는 '바람과 태양과 파도'는 인간이 결코 통제하거나 헤아릴 수 없는 운명과 대자연의 힘을 상징한다. 에이해브 선장은 자신의 운명을 스스로 완벽히 통제하려는 오만한 집착과 자신에게 닥친 시련을 넘어서야 한다는 어리석은 광기에 사로잡혀, 다리를 앗아 간 모비 딕을 찾아 복수에 나선다. 선장에 대비되는 인물인 일등 항해사 스타벅은 시련에 집착하기보다는 궁극적으로 도달해야 할 목표에 집중하려 한다. 세계적인 커피 체인점 '스타벅스'도 바로 이 인물의 이름에서 따왔다. 스타벅스의 공동 창업주 중 한 명이 자신이 가장 좋아하는 소설《모비 딕》속 등장인물의 이름을 브랜드명에 넣은 것이다.

이 작품은 모비 딕에게 끝없이 집착하는 에이해브 선장의 모습을 통해 삶에서 만난 피할 수 없는 시련을 지혜롭게 받아들이고 떠나보낼 줄 아는 태도의 중요성을 일깨워 준다. 작가는 끝없는 시련에 매달려 원망과 분노에 갇혀 사는 것은 스스로를 삶이라는 거대한 바다에 침몰시키는 어리석은 짓이라고 말하고 있다.

이야기는 이제 막 대서양을 향해 나아가기 시작한 포경선 피쿼드호에서 시작된다.

**복수의 항로_**
**"흰고래 모비 딕을 잡아라!"**

이 작품의 화자인 초보 선원 이슈메일은 어느 매서운 크리스마스 아침, 고래잡이에 나설 서른 명 남짓의 선원과 포경선 피쿼드호를 타고 항구를 떠난다. 피쿼드호는 이빨고래 가운데 가장 거대하고 유명한 향유고래를 잡아, 고래에서 추출한 값비싼 머릿기름을 배에 투자한 선주들에게 바치는 임무를 띠고 있었다. 거친 바다 한가운데서 작살과 창을 던져 거대한 고래를 잡는 일은 워낙 힘난했기에 배에 승선한 선원들의 면면은 예사롭지 않았다. 알 수 없는 우상을 섬기는 문신투성이 식인종, 정체 모호한 과거를 가진 불한당, 대륙의 주인이었던 거친 인디언, 이름 모를 섬의 원주민 등 출신과 이력이 각양각색이었다. 작가는 삶이라는 길고 긴 항해에서 끝내 서로를 완전히 이해하지 못한 채 저마다의 믿음 속에 갇혀 살아가는 인간들의 모습을 보여 주려고 이렇게 외딴섬처럼 동떨어진 인물들을 한배에 태운 것이다.

배를 이끄는 에이해브 선장은 40년간 고래잡이를 해 온 베테랑으로, 신과 운명을 믿지 않는 오만하고 독단적인 인물이다. 몇 해 전 태평양에서 사나운 흰고래 '모비 딕'에게 한쪽 다리를 잃고 의족을 단 후, 모비 딕을 향한 광기 어린 복수심에 사로잡혀 있었다. 그는 어느 날 선원들을 갑판 위에 모아 놓고, 구멍 뚫린 꼬리를 가진 흰고래 모비 딕을 발견하는 자에게 금화를 상으로 주겠다며 이렇게 외친다.

> "나를 파괴해 영원히 의족에 의지하는 가엾은 신세로 만든 건 바로 그 가증스러운 흰고래였다! 대륙의 양쪽에서, 지구 곳곳에서 그놈의 흰고래를 추적하는 것, 그놈이 검은 피를 내뿜고 지느러미를 맥없이 늘어뜨릴 때까지 추적하는 것, 그것이 우리가 항해하는 목적이다. 어떠냐? 나를 도와주겠는가?"

외다리 선장에 대한 동정심과 고래에 대한 적개심에 사로잡힌 선원들은 모두 흥분해서 모비 딕을 잡겠다고 맹세하며 떠들썩하게 술을 나눠 마신다. 하지만 바다에서는 바다로 나온 진짜 목표에만 집중해야 한다고 믿는 일등 항해사 스타벅은 "선장님, 저는 고래를 잡으러 왔지 선장님의 원수를 갚으러 온 것은 아닙니다. 복수에 성공한다 해도 고래기름을 몇 통이나 얻을 수 있겠습니까? 그리고 말 못 하는 짐승한테 복수라니…, 그 고래는 단지 맹목적인 본능으로 공격했을 뿐인데! 이건 미친 짓이에요!"라고 말한다. 그러자 선장은 고래가 자신을 제멋대로 괴롭혔는데 어떻게 가만있을 수 있냐며, "나를 모욕한다면 나는 태양이라도 공격하겠어!"라고 받아친다.

**운명을 거스르는
항해**

에이해브 선장은 모비 딕이 해마다 비슷한 시기에 출몰하는 것으로 알려진 태평양 연안으로 피쿼드호를 조종해 간다. 그사이 선원들은 돈을 벌기 위해 고래 사냥에 나선다. 돛대 위에서 망을 보는 선원이 멀리서 흰 거품을 내뿜는 고래를 발견하면, 선원들은 세 척의 보트에 나눠 타고 고래 근처로 다가가 작살과 창을 힘껏 던진다. 고래를 잡으면 본선의 도르래로 고래 시체를 끌어 올려 목을 자르고 수백 통의 머릿기름을 퍼낸 뒤에 가죽을 벗긴다. 나머지 시체를 바다로 떠내려 보내면, 상어 떼가 몰려와 남은 지방을 뜯어먹는다. 그동안 선원들은 기름투성이가 된 갑판을 청소하고 말없이 휴식을 취한다. 그러다 어디선가 다시 "고래가 물을 뿜는다!"라는 외침이 들려오면, 진저리 나는 이 과정을 처음부터 되풀이해야 했다. 작가는 이런 고래잡이 과정을 우리의 인생에 빗대어 말한다.

> 이것이 바로 인생이다. 우리는 오랜 고생 끝에 이 세상에서 가장 덩치 큰 동물에게서 비록 적지만 귀중한 경뇌유를 빼낸 뒤, 몸은 녹초가 되었지만 참을성 있게 몸에 묻은 오물을 씻어 낸다. 하지만 "고래가 물을 뿜는다!"라는 외침에 우리는 또 다른 세계와 싸우러 달려가, 젊은 인생의 판에 박힌 일을 처음부터 다시 되풀이한다.

이 작품은 상당한 분량을 고래의 종류, 고래잡이의 역사, 고래의 해부 과정 등 서사와 무관한 내용에 할애하고 있다. 그렇게 방대한 내용임에도 작가는 초보 선원 이슈메일의 생각을 빌려 다음과 같이 고백한다.

> '내가 아무리 고래를 해부해 보아도 피상적인 것밖에는 알수 없다. 나는 고래를 모른다. 앞으로도 영원히 모를 것 같다. 고래의 꼬리조차 모르는데 어떻게 머리를 알 수 있겠

는가? 게다가 고래는 얼굴이 없는데, 내가 어떻게 고래의 얼굴을 알겠는가?'

아무리 정교하게 고래를 해부해도 이 거대한 동물의 신비를 온전히 헤아릴 수 없고, 아무리 세계 곳곳의 바다를 누비고 다녀도 심연의 비밀을 완벽히 들여다볼 수 없다. 마찬가지로 인간의 삶을 움직이는 운명의 이치와 신의 섭리는 우리가 결코 완벽하게 헤아리거나 통제할 수 없다. 이는 자신이 운명을 완전하게 통제할 수 있고, 심지어 시련마저 되받아칠 수 있다고 믿는 에이해브 선장의 오만함과 극명히 대비되는 대목이다.

피쿼드호는 항해 중에 다른 고래잡이배들도 마주친다. 그중 한 배에는 에이해브 선장처럼 모비 딕의 공격으로 한쪽 팔을 잃은 영국인 선장이 타고 있었다. 그는 얼마 전 근처 바다에서 모비 딕을 목격했다고 말해 준다. 에이해브 선장이 흥분하며 왜 모비 딕을 잡아 복수하지 않았냐고 묻자, 그가 태연히 되묻는다.

"잡고 싶지도 않았소. 팔 하나로 충분하잖소? 남은 이 팔마저 잃어버리면 어쩌란 말이오?"

바다와 하늘도 모비 딕을 쫓지 말고 집으로 돌아가라고 피쿼드호에 계속 경고한다. 거센 폭풍과 벼락으로 배 안의 나침반을 망가뜨려, 배가 항로의 반대 방향으로 나아가게 만든 것이다. 하지만 태양의 위치를 보고 나침반이 고장 났다는 사실을 눈치챈 에이해브 선장은 다시 원래 향하던 태평양 쪽으로 뱃머리를 돌린다. 운명이 제시한 항로를 깡그리 무시한 것이다. 스타벅을 비롯한 선원들은 선장의 광기와 집착에 불안함을 느끼지만, 상명하복이 철저한 배 안에서는 묵묵히 그의 명령을 따를 수밖에 없었다.

**다시 만난 모비 딕,**
**최후의 대결**

어느 날, 같은 고향 출신인 레이첼호 선장이 피쿼드호에 다가와 모비 딕을 쫓다 실종된 아들의 보트를 함께 찾아 달라고 부탁한다. 하지만 에이해브 선장은 이를 거절하고, 서둘러 근처 어딘가에 있을 모비 딕을 찾아 나선다.

며칠 뒤, 드디어 새하얗고 거대한 모비 딕이 피쿼드호 앞에 모습을 드러낸다. 에이해브 선장은 불구의 몸을 이끌고 직접 보트를 내려 작살을 던지는 등 3일에 걸쳐 모비 딕을 추적하며 세 차례 맞붙는다. 도중에 그의 의족이 부러지고, 다른 선원이 바다에 빠져 실종되기도 한다. 이에 불길함을 느낀 스타벅은 이제 고래기름도 충분히 확보했으니 모비 딕은 단념하고 가족과 따뜻한 음식과 추억이 있는 고향으로 돌아가자고 호소한다. 하지만 에이해브 선장은 스타벅의 만류를 뿌리친 채 마지막 결전에 나서고, 마침내 모비 딕의 눈구멍에 작살을 꽂는 데 성공한다. 그러자 이 공격에 분노한 모비 딕이 단숨에 자신을 쫓던 보트들과 피쿼드호를 사납게 들이받아 산산조각 낸다. 선원들은 속수무책으로 바다에 내던져져 죽음을 맞고, 배는 거대한 소용돌이 속으로 빨려 들어간다. 선원들의 안위는 아랑곳하지 않고 복수에만 몰두했던 에이해브 선장의 광기 어린 리더십이 모든 선원을 죽음으로 내몬 것이다. 그런 혼돈 속에서도 집착을 내려놓지 못하고 모비 딕에게 마지막 작살을 던

지려던 에이해브 선장은 작살에 연결된 밧줄에 목이 감겨 그대로 바닷속으로 끌려들어 간다. '모비 딕'이라는 시련에서 끝내 벗어나지 못하고, 시련과 함께 영원히 침몰하고 만 것이다. 바다가 거대한 수의처럼 모든 생명을 뒤덮은 순간, 초보 선원 이슈메일만이 간신히 구명부표에 올라타 목숨을 건지고, 실종된 아들을 찾던 레이첼호 선장이 그를 구조하며 소설은 막을 내린다.

♦

내게 억울하고 부당한 시련이 주어졌으니 반드시 복수하겠다는 집착은 우리를 그 시련 속에 가둔 채 삶을 침몰하게 만든다. 모비 딕에게 끌려다니다 끝내 바닷속으로 침몰하고 만 에이헤브 선장처럼. 헤아릴 수 없는 것들로 가득한 망망대해 같은 삶에 찾아드는 대부분의 시련 또한 우리가 도저히 헤아릴 수 없는 운명의 힘에 의한 것이다. 그 시련을 '진짜 부당한 일'로 만드는 것은 어쩌면 시련에 집착하는 우리 자신일지도 모른다. 그러니 시련을 마주할 때마다 스스로에게 물어야 할 것이다. 바다를 향해 나아갈 것인지, 모비 딕에게 끌려다니다 침몰할 것인지.

# 3

인생 최대의
시련을 마주한
당신에게

죽음의 수용소에서
빅터 프랭클

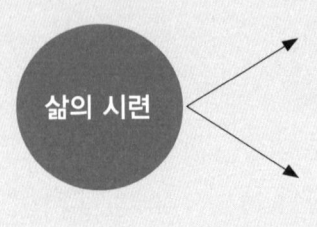

정말 중요한 것은 우리가 삶으로부터
무엇을 기대하는가가 아니라,
삶이 우리로부터 무엇을 기대하는가 하는 것이다.

### 작품의 시대적 배경

**홀로코스트와 아우슈비츠**

나치 독일은 제2차 세계대전(1939-1945) 중에 유대인을 비롯한 소수 민족을 대상으로 조직적인 대량 학살(홀로코스트)을 자행했다. 이 학살로 600만 명에 달하는 유대인이 목숨을 잃었으며, 그 중심에는 폴란드 남부에 위치한 '아우슈비츠Auschwitz' 강제 수용소가 있었다. 1940년부터 1945년까지 약 5년간 운영된 이 수용소에서 유대인뿐 아니라 집시, 정치범, 장애인 등 110만 명이 넘는 사람이 학살되었다. 오늘날 아우슈비츠는 유네스코 세계 문화유산이자 홀로코스트의 참상을 기억하는 추모지로 보존되어 있으며, 추모 공간에는 '과거를 기억하지 못하는 사람은 그것을 되풀이한다Those who cannot remember the past are condemned to repeat it'

라는 경고 문구가 새겨져 있다.

♦

20세기 인류 최대의 비극인 홀로코스트(유대인 대학살)의 참상이 생생하게 담긴 《죽음의 수용소에서》(1946)는 단순한 수감 생활의 기록이 아니다. 죽음 같은 수용소 생활 속에서 무엇이 사람들로 하여금 삶에 대한 의지를 놓지 않게 했는지, 무엇이 그들을 하루하루 살아가게 했는지, 그 치열한 질문에 답을 제시하는 책이다. 죽음의 수용소에서 보내온 삶과 희망의 메시지인 것이다. 그래서 이 책만큼은 삶에 대한 의지가 꺾였거나 희망을 잃어버린 사람들이 꼭 읽어 보면 좋을 것 같다고 생각된다. 나 역시 살면서 정말 힘든 순간에는 이 책을 읽으며 많은 위안을 얻었다.

저자 빅터 프랭클(1905-1997)은 오스트리아 빈에서 태어난 유대인으로, 정신과 의사이자 저술가다. 제2차 세계대전 중인 1942년 부모님과 아내, 동생들과 함께 아우슈비츠 수용소에 수감되었다가, 1945년 종전과 함께 극적으로 해방되었다. 안타깝게도 여동생을 제외한 모든 가족이 수용소에서 목숨을 잃었다. 그는 정신과 의사로서 담담하고 치밀하게 수용소 생활의 고통과 그 고통을 견뎌 낸 과정을 기록했고, 이를 바탕으로 고통 앞에 선 인간이 어떻게 삶의 의미를 찾아 나갈 수 있는지를 탐구하는 전후 실존주의 심리학의 부흥을 이끌었다.

《죽음의 수용소에서》는 유럽 전역에서 온 1500명의 유대인을 싣고 달리는 아우슈비츠행 열차 안에서 시작된다.

### 시련의 첫 단계 _
### '집행유예 망상'과 충격

유대인들을 싣고 밤낮없이 달려온 아우슈비츠행 기차 안에는 프랭클 박사 같은 지식인도 있고, 부유한 기업인과 명망 높은 정치인도 있었다. 하지만 수용소에 도착하자마자 열차에 탔던 사람의 90퍼센트가 곧바로 가스실로 끌려가 죽음을 맞는다. 그나마 노동을 할 수 있을 것으로 보이는 나머지 10퍼센트의 사람이 짐승처럼 온몸이 벌거벗겨진 채 털이 깎이고, 이름이 아닌 수감 번호로 불리며 나치 감시자들의 폭력과 욕설에 시달린다. 이들은 발 하나 뻗기도 힘든 비좁은 가축우리 같은 수용소에 구겨 넣어져 끝없는 추위와 굶주림, 고된 노동에 내몰린다. 하루 한 번 배급되는 딱딱한 빵과 묽은 수프가 그들이 먹는 음식의 전부다. 그들에게 과거의 명성이나 재산은 이제 더는 아무런 의미가 없고, 그저 학대당하는 몸뚱이만이 그들이 가진 전부다.

정신의학 용어로 '집행유예 망상'이라는 정신 상태가 있다. 사형 선고를 받은 죄수가 사형 직전에 집행유예를 받아 풀려

날 거라고 믿는 것처럼, 끔찍한 상황에서도 계속 실낱같은 희망에 매달리는 정신 상태를 말한다. 수용소의 수감자들도 처음에는 이런 '집행유예 망상'에 사로잡혀, 수용소 생활이 생각보다 나쁘지 않으며 금세 끝날 거라는 막연한 희망을 품는다.

하지만 그들은 곧 깨닫게 된다. 자신들이 폭력과 죽음이 난무하는 끝을 알 수 없는 처참한 상황에 놓였다는 것을. 이때 수용자들은 수용소에서의 첫 번째 심리 단계인 '충격'에 휩싸인다.

**시련의 두 번째 단계 _**
**무감각과 적응**

수감자들은 대부분 처음에 시궁창 오물을 치우는 일에 배정되는데, 똥물이 얼굴에 튀어서 닦으면 감시자들이 가차 없이 주먹을 날린다. 조금이라도 지친 기색을 보여도 동료 수감자들 앞에서 무자비한 폭행을 당한다.

그러자 사람들은 이제 어떤 참담한 모습을 보아도 동정이나 공포심을 느끼지 않는 '무감각 현상'을 경험한다. 사람들이 괴롭힘을 당하거나 죽어 나가는 일이 너무나 일상이어서 더는 마음이 동요하지 않는 상태가 된 것이다. 프랭클 박사도 불과 2시간 전에 얘기를 나누던 동료 수감자의 끔찍한 시체를 보고도 아무렇지 않게 수프를 먹을 수 있게 되고, 맨발로 눈길을 걸어야 하는 동료 수감자가 어린애처럼 엉엉 우는데도 아껴 둔

빵을 게걸스럽게 먹느라 정신이 없다. 동료 수감자들보다 건강하게 보여서 가스실로 끌려가지 않으려고 매일 깨진 유리로 면도도 한다. 이제 수감자들은 윤리나 도덕에 대한 생각을 내려놓고, 자신을 기다리는 가족을 위해 살아남으려는 '생존 문제'에만 집중한다.

이 지점에서 프랭클 박사는 인간은 상상도 못할 열악한 환경에도 결국 적응한다는 사실을 깨닫는다. 수감자들은 인간이 도저히 살 수 없을 것처럼 보이는 가축우리 같은 수용소에서도 코를 골며 잠을 자고, 밥그릇과 변기를 구분 없이 사용하며, 극심한 영양실조에 시달리면서도 하루 종일 노역을 하는 생활에 곧 적응한다. 프랭클 박사는 이렇게 말한다.

"인간은 어떤 환경에도 적응할 수 있습니다. 하지만 그 방법에 대해서는 묻지 말아 주십시오."

## 고통을 견디게 한
## 정신의 힘

이렇게 고통에 무감각해진 수감자들은 평화롭던 일상과 사랑하는 사람들을 떠올리며 과거의 추억으로 도피해 간다. 프랭클 박사도 매일 같이 상상 속에서 집으로 돌아가는 버스를 타고, 아파트 문을 열고, 걸려 오는 전화를 받는

다. 그리고 집에서 자신을 기다리던 아내에 대한 추억에 잠기고, 매일 매시간 상상 속에서 아내와 대화를 나눈다. 그는 지옥 같은 현실에서 사랑하는 사람을 떠올리는 것만으로도 인간은 여전히 더할 나위 없는 행복을 느낄 수 있다는 사실을 깨닫는다. 고통 속에서는 과거의 일상과 사랑하는 사람들과 쌓은 추억만이 유일한 구원이자 피난처였다.

또 밤마다 시 낭송과 노래로 수감 생활의 고통을 잊으려는 사람들이 나타나고, 기도를 올리고 종교 모임을 하는 무리도 생겨났다. 인간은 이처럼 극한의 고통 속에서도 활발한 정신 활동을 통해 잠시나마 고통에서 벗어날 수 있다.

## 시련에 맞서는 방식을
## 택할 자유

프랭클 박사는 인간 이하의 생활을 해야 하는 수용소에서 사람을 사람답게 살고 죽게 만드는 요인이 무엇인지 관찰하기 시작했다. 그 결과 중요한 사실을 발견한다. 인간은 고통을 가져다주는 외부 상황을 바꿀 수는 없지만, 그 고통에 어떤 태도로 맞설지 스스로 선택할 자유를 가지고 있다는 점이다. 수용소 안에는 자신의 생존만을 위해 이기적으로 굴거나, 심지어 같은 유대인이면서도 나치의 끄나풀이 되어 동료 수감자를 가스실로 보내는 사악한 이들도 있었다. 반대로 배급받은 빵을 내주면서까지 자기보다 더 큰 고통에 처한 동료를 돕는 고귀한 사람들도 있었다. 똑같은 인간 이하의 생활을 해야 하는 환경 속에서도 인간답기를 포기하지 않겠다고 스스로 선택한 이들이 있었던 것이다.

> 나는 살아 있는 인간 실험실이자 시험장이었던 강제 수용소에서 어떤 사람들이 성자처럼 행동할 때 또 다른 사람들은 돼지처럼 행동하는 것을 보았다. 사람은 내면에 두 개의 잠재력을 모두 가지고 있는데, 그중 어떤 것을 취하느냐는 전적으로 본인의 의지에 달려 있다.

프랭클 박사는 또한 모든 시련 속에는 삶이 우리에게 던지는 질문이 숨어 있다고 말한다. '너는 이 시련을 어떻게 헤쳐 나갈 거니?', '이 시련을 통해 너는 어떤 사람이 되고 싶니?' 이런 질문들 말이다. 우리는 항상 '삶이란 무엇인가?'라는 질문을 던지는데, 프랭클 박사는 이런 질문은 아무런 의미가 없고, 물어서도 안 된다고 강조한다. 삶은 우리가 궁금해해야 할 대상이 아니라 매 순간 우리 앞에 질문과 과제를 던지는 대상이기 때문이다. 중요한 것은 그 질문과 과제, 시련에 어떻게 응답할지 책임을 떠안는 것이다.

수용소 안에서 생활하는 프랭클 박사에게 삶이란 뭔가 거창하고 원대한 것이 아니었을 것이다. 그저 하루하루 생존하기 위해 필요한 것들을 확보하고, 시련을 주는 외부 환경에 맞서 인간답게 살고 죽을 자유를 지켜 내는 구체적이고도 확실한 투쟁이었을 것이다. 그래서 그는 삶은 현실적이고 구체적인 것이며, 삶이 우리에게 던지는 과제를 통해 남들과는 다른 자신만의 독자적이고 구체적인 운명을 만들어 갈 수 있다고 강조한다.

> 만약 어떤 사람이 시련을 겪는 것이 자기 운명이라는 사실을 알았다면, 그는 그 시련을 자신의 과제, 다른 것과 구별되는 자신만의 유일한 과제로 받아들여야 한다. … 어느 누구도 그를 시련으로부터 구해 낼 수 없고, 대신 고통을 짊

어질 수도 없다. 그가 자신의 짐을 짊어지는 방식을 결정하는 것은 그에게만 주어진 독자적인 기회다.

## 살아갈 이유와 목표

자신이 살아갈 이유와 목표를 찾는 것도 시련을 극복하는 데 있어 중요한 요소다. 프랭클 박사는 수용소에서 매일 눈앞에 닥친 현실적인 과제들, 즉 내일 먹을 빵, 끊어진 신발 끈, 작업반 업무 등에만 몰두했는데, 어느 날 이런 상황이 너무 역겹게 느껴져 처음으로 먼 미래를 꿈꾸어 본다. 자신이 쾌적한 대학 강단에 서서 강제 수용소에서 겪은 심리 상태에 대한 강의를 하는 모습을 말이다. 그 순간, 갑자기 그를 짓누르던 고통을 이겨 낼 새로운 힘이 샘솟는다. 니체는 "'왜' 살아야 하는지 아는 사람은 '어떤' 상황도 견딜 수 있다"고 말했다. 프랭클 박사는 수감자들에게 가장 중요한 것은 시련 속에서도 삶의 희망과 목표를 잃지 않는 것이라고 강조한다.

한 동료 수감자는 꿈속에서 누군가가 3월 30일에 전쟁이 끝날 것이라고 말해 주자, 그 말이 현실에서 그대로 실현될 거라고 굳게 믿었다. 하지만 3월 30일이 가까워져도 전쟁은 끝날 기미조차 보이지 않았다. 그러자 그는 3월 29일부터 고열에 시달리며 앓아누웠고, 결국 3월 30일이 지난 바로 다음 날 숨을 거두고 만다. '3월 30일 종전'이라는 목표와 희망이 무너진 순간, 그는 살아갈 의지마저 잃었던 것이다.

## 운명은 주어지는 것이 아니고
## 선택하는 것

결국 1945년 4월에 전쟁이 끝나면서 프랭클 박사도 수용소에서 석방된다. 책을 마무리하며 박사는 이렇게 말한다.

> 인간은 아우슈비츠의 가스실을 만든 존재이기도 하고, 의연하게 가스실에 들어가며 주기도문이나 '셰마 이스라엘'을 외울 수 있는 존재이기도 하다.

◆

우리는 이처럼 삶의 시련에 어떤 태도로 반응할지 스스로 선택할 수 있는 존재이고, 그 선택으로 자신만의 고유한 운명을 만들어 가야 하는 과제를 짊어지고 있다. '삶이 우리에게 무엇을 줄 것인가'를 기대하기보다 '삶이 던지는 과제에 어떻게 책임 있게 응답할 것인가'를 고민해야 한다는 메시지는, 프랭클 박사가 인류 최대의 비극이 펼쳐진 죽음의 수용소에서 발견한 주옥같은 가르침이 아닐까 싶다.

4

사랑과 상실에
아파 본 적 있는
당신에게

## 상실의 시대(노르웨이의 숲)
무라카미 하루키

## 상실 그 자체인 인물

**기즈키**
와타나베의 학창 시절 친구이자
나오코의 옛 연인. 어느 날 홀연히 사라져
상실의 상처를 촉발하는 사람들을 상징함

## 상실 이후를 살아 내는 인물

**와타나베**
기즈키가 자살한 뒤 마음의
상처를 안고 살아가며, 나오코와
미도리 사이에서 삶의 의미와
방향을 찾아가는 대학생

**미도리**
와타나베에게 다가서는 발랄하고
솔직한 여대생

**레이코**
나오코의 요양소 룸메이트.
와타나베에게 상실을 극복할
지혜를 전해 줌

VS

## 상실 속에 무너진 인물

**나오코**
친언니와 연인 기즈키가
자살하는 아픔을 겪은 후 정신적,
육체적으로 무너져 가는 여인

"자기 자신을 동정하지 마라.
자신을 동정하는 건 비열한 인간이나 하는 짓이야."

《상실의 시대》(노르웨이의 숲, 1987)는 현대 청춘 소설의 고전으로 손꼽히는 작품이다. 2000년대 후반부터 해마다 꾸준히 노벨문학상 후보로 거론되는 작가 무라카미 하루키(1949- )는 일본 교토에서 태어나 국어 교사였던 부모님의 영향을 받아 책을 가까이하며 성장했다. 와세다대학교에 재학 중일 때는 재즈와 술에 심취해, 졸업을 앞두고 직접 '피터캣'이라는 재즈 바를 차리기도 했다. 약 7년간 재즈 바를 운영하며 소설을 집필한 그는 《바람의 노래를 들어라》 같은 초기작이 성공을 거두자 본격적으로 전업 작가의 길로 들어선다. 재즈 바 사장 출신답게 음악에 대한 애정을 작품 곳곳에 녹여 냈으며, 30대 후반에 발표한 이 작품도 영국의 4인조 록 그룹 비틀스의 노래

'Norwegian Wood'에서 제목을 따온 것이다. 소설과 노래 모두 '완전히 이해하거나 소유할 수 없는 관계'를 그린다는 공통점을 갖고 있다.

> And when I awoke I was alone, this bird had flown
> 아침에 눈을 떴을 때, 나는 혼자였고, 그 새는 날아가 버렸지

《상실의 시대》는 가까운 이들의 죽음을 지켜보거나 이별을 겪은 청춘들이 어떻게 상실 이후의 삶을 살아 내는지, 또는 그 상실 앞에서 무너져 가는지를 섬세하게 그려 낸 연애 소설이자 성장 소설이다.

하루키는 작품의 서문에서 "제가 이 책에서 그려 내고 싶었던 것은 사람이 사람을 사랑한다는 것의 의미입니다"라고 밝혔는데, 누구에게나 찾아오는 상실의 아픔은 결국 또 다른 누군가를 사랑하고 책임지려는 마음을 통해서만 극복할 수 있다는 메시지를 전하는 듯하다.

하루키가 그려 낸 사랑과 상실의 이야기는 1960년대 일본 고베에서 시작된다.

## 상실 뒤에
## 남겨진 사람들

와타나베는 고베의 한 고등학교에 다니는 조용한 학생으로, 유일한 절친 기즈키와 그의 오랜 여자 친구 나오코와 자주 어울린다. 그런데 총명하고 유복했던 기즈키가 어느 날 갑자기 자기 집 차고에서 스스로 목숨을 끊는다. 유서도 자살 동기도 없는 갑작스러운 죽음이었다. 어린 나이에 친구의 충격적인 죽음을 접한 와타나베는 세상을 향한 마음의 문을 굳게 닫아 버린다. 누구든 기즈키처럼 갑자기 떠날 수도 있다는 생각에, 또 다른 상실을 감당하고 싶지 않았던 것이다.

1년 뒤 와타나베는 도쿄에 있는 대학에 진학하고, 산책하다 우연히 기즈키의 연인이었던 나오코와 마주친다. '기즈키의 죽음'이라는 공통의 트라우마에 묶여 있는 두 사람은 주말마다 아무런 목적도 대화도 없이 해가 저물 때까지 낯선 거리를 함께 걷는다. 와타나베는 기즈키의 죽음 이후 굳게 닫았던 마음의 문을 아름다운 나오코에게 열고 싶어 한다. 하지만 그녀는 여전히 죽은 기즈키만 생각하는 듯해 와타나베는 질투심과 외로움을 느낀다. 이를 달래려 기숙사 선배를 따라 클럽을 전전하며 여자들과 하룻밤 관계를 이어 가지만, 돌아오는 것은 깊은 공허뿐이었다.

그러다 나오코의 스무 살 생일이 다가오고, 와나타베는 기즈키를 그리워하며 우는 나오코를 안고 달래 주다 관계를 맺는다. 나오코에게는 이것이 첫 경험이었다. 과거 기즈키와 여러 차례 관계를 시도했지만, 그녀의 몸이 반응하지 않아 관계를 제대로 맺을 수 없었기 때문이다. 초등학생 시절 친언니의 자살을 눈앞에서 목격한 후 누구와도 완벽히 가까워지기 어려운 깊은 상처를 몸과 마음에 지녔던 것이다. 그렇게 생애 처음으로 누군가와 온전히 몸을 섞은 그날 이후, 나오코는 도쿄에서 자취를 감춘다.

**미도리의 등장**

사라진 나오코의 연락을 기다리던 와타나베 앞에 미도리가 나타난다. 짧은 머리에 발랄한 성격을 가진 미도리는 와타나베와 같은 수업을 듣는 여학생이었는데, 와타나베의 외톨이 같은 모습에 호기심이 생겨 노트를 빌리고 집에도 초대하며 친근하게 다가온다. 미도리 또한 어머니를 잃고 병상에 누운 아버지를 돌보는 외로운 처지였다. 부모님이 평생 장사하느라 바빴던 탓에 애정 결핍에 시달리던 그녀는 자신이 꿈꾸는 사랑에 대해 이야기한다.

"내가 바라는 건 그저 내 마음대로 하는 거야. 완벽하게 내 마음대로 하는 것. 가령 지금 내가 자기에게 딸기 쇼트케이크를 먹고 싶다고 하면 말이야, 그러면 자기는 모든 걸 집어치우고 그걸 사러 달려가는 거야. 그리고 헐레벌떡 돌아와서 '자, 미도리, 딸기 쇼트케이크야' 하고 내밀겠지. 그러면 나는 '흥, 이런 건 이제 먹고 싶지 않아' 그러면서 그걸 창밖으로 휙 내던지는 거야. 내가 바라는 건 그런 거란 말이야. … 그래, 난 상대방 남자가 이렇게 말해 주면 좋겠어. '알았어, 미도리. 내가 잘못했어. 네가 곧 딸기 쇼트케이크가 먹고 싶지 않게 되리라는 것쯤은 짐작했어야 했는데, 내가 당나귀 똥만큼이나 바보스럽고 무신경했어. 사과할 겸 다시 한번 뭔가 다른 걸 사다 줄게. 뭐가 좋아? 초콜릿 무스, 아니면 치즈케이크?'"

이런 미도리의 솔직하고 사랑스러운 모습에 끌린 와타나베는 얼떨결에 그녀에게 입을 맞춘다. 하지만 미도리는 남자 친구가 있다고 털어놓고, 와타나베 역시 나오코를 떠올리며 자신에게도 좋아하는 사람이 있다고 고백한다. 미도리는 이에 개의치 않고 와타나베를 술집이며 아버지의 병원이며 자신이 가고 싶은 곳으로 거리낌 없이 끌고 다닌다. 또한 얼음처럼 차가운 나오코와 달리 진한 음담패설도 스스럼없이 늘어놓으며, 와타나베와 함께하고 싶은 욕망을 거침없이 드러내기도 한다.

### 치유되지 못한
### 몸과 마음

어느 날 와타나베는 교토의 산속 요양소에 머물고 있다는 나오코의 편지를 받고 곧장 그곳으로 향한다. 나오코는 요양소 룸메이트인 레이코의 보살핌을 받으며 지내고 있었다. 그녀는 세상과 단절된 이곳에서 와타나베에게 자신의 깊은 상처를 처음으로 털어놓는다. 초등학생 시절 친언니의 충격적인 자살을 목격한 뒤로 그 상처가 몸과 마음에 깊이 남아, 다른 사람들과 정상적인 관계를 맺는 것이 불가능해졌다고. 기즈키와도 단 한 번도 정상적인 육체관계를 맺을 수 없었다고.

사실 와타나베와 처음이자 마지막으로 온전한 사랑을 나눈 그날 이후 나오코는 더 깊이 무너져 내리고 있었다. 그런 순간이 자신의 삶에서 두 번 다시 오지 않을 것임을 너무나 잘 알고 있었기 때문이다. 이 단 한 번의 '정상적인' 경험이 오히려 자신의 불완전함을, 그리고 기즈키와의 지난 관계의 균열을 더욱 또렷이 드러냈다.

와타나베는 요양소에서 다시 한번 나오코와 사랑을 나누려고 시도하지만, 그녀의 몸은 끝내 아무런 반응을 보이지 않는다. 그럼에도 와타나베는 언젠가 그녀가 회복될 거라고 믿으며, 요양소를 나오면 함께 살자고 제안한다. 하지만 나오코는 요양소를 벗어나 아득하게 멀게만 느껴지는 사람들 속으로 가는 것이 두렵기만 했다.

**사랑과 책임 사이**

얼마 뒤 와타나베는 요양소에 있는 나오코의 상태가 크게 나빠졌다는 소식을 듣는다. 그는 죽은 기즈키를 떠올리며 다짐한다.

> '이봐, 기즈키, 난 그녀를 절대로 버리지 않을 생각이다. 왜냐하면 나는 그녀를 좋아하고, 그녀보다는 내가 강하기 때문이야. 그리고 난 지금보다 강해질 거야. 그리고 성숙해질 거야. 어른이 되는 거야. 난 책임이란 걸 느낀다.'

와타나베는 나오코를 지키려는 책임감을 통해 자신의 상처에만 몰두하던 열일곱 살 소년에서 스무 살 어른으로 성장해 가고 있었다. 하루키는 진정한 성장이란 타인에 대한 책임을 자각하는 순간부터 시작된다고 말하고 있다.

한편 어느 날 미도리가 와타나베를 좋아하는 마음 때문에 남자 친구와 헤어졌다고 고백한다. 와타나베 역시 나오코에 대한 책임감과는 별개로 자신이 오래전부터 미도리를 사랑해 왔다는 사실을 깨닫는다. 복잡한 삼각관계에 갈등하던 그는 나오코의 요양소 룸메이트인 레이코에게 편지로 고민을 털어놓는다. 얼마 뒤, 레이코가 답장을 보내온다.

> '우리는 불완전한 세계에 살고 있는 불완전한 인간들이야. 자로 길이를 재고, 각도기로 각도를 재며, 은행 예금처럼 그렇게 융통성 없이 살아 나갈 순 없어. 두 여자에게 동시에 마음이 끌리는 건 죄도 아무것도 아니야. 이 드넓은 세상에 흔히 있는 일이니까. 와타나베는 누구도 염려하지 말고, 행복해질 수 있다고 생각하면 그 기회를 놓치지 말고 행복해지도록 해. 내가 경험해 봐서 하는 말이지만, 그런 기회란 인생에 두세 번밖에 없고, 놓치면 평생 후회하거든.'

## 어른이 되는 시간

어느 봄날, 상태가 악화되어 환청과 정신분열에 시달리던 나오코는 요양소의 숲속에서 목을 맨 채 생을 마감한다. 나오코의 죽음에 깊은 충격을 받은 와타나베는 한 달간 지명도 알 수 없는 낯선 지역들을 정처 없이 떠돌며 방황한다. 겨우 다시 도쿄로 돌아온 그에게 레이코가 말한다.

> "나오코의 죽음과는 별개로 미도리와 둘이서 행복해져야 해. 당신의 아픔은 미도리와는 관계가 없으니까. 그 아픔

때문에 미도리를 괴롭히거나 상처 입혀선 안 돼. 그러니까 괴롭겠지만 강해지라고. 좀 더 성장해서 어른이 되어야 하는 거야."

레이코는 와타나베에게 과거의 상실에 머무느라 현재의 삶을 저버리지 말고, 의연하게 '상실 이후의 삶'을 살아 내라고 말해 주었다. 그게 바로 소년이 아닌 어른의 태도라고.

와타나베는 곧바로 근처 공중전화 부스로 달려가 미노리에게 전화를 건다. 미도리는 오랫동안 연락이 닿지 않던 와타나베 때문에 잔뜩 화가 나 있었지만, 그는 두서없이 다급하게 마음을 털어놓는다. 너와 할 이야기가 너무 많다고, 이 세상에서 너 말고 내가 원하는 건 아무것도 없다고, 모든 걸 너와 둘이서 처음부터 다시 시작하고 싶다고. 소설은 여기서 막을 내린다.

◆

와타나베의 마음속에는 여전히 회복하기 힘든 크나큰 상실의 아픔이 남아 있다. 하지만 미도리에 대한 책임감과 사랑을 통해 무너지지 않고 다시 세상 속으로 뛰어들 용기를 얻을 것이다. 와타나베와 미도리는 타인과 맺은 관계 속에서 상실의 아픔을 치유하며 성장해 갔지만, 끝내 누구와도 온전한 관계를 맺을 수 없던 나오코는 상실 안에서 무너져 내렸다. 하루키는 이 이야기를 통해 타인과 온전한 관계를 맺고 사랑을 나누는 것이 '상실 너머의 성장'을 이루어야 하는 청춘들에게 얼마나 절실한 일인지 보여 준다. 우리는 '누군가의 친구' 또는 '누군가의 연인'이 되어 보지 않고는 결코 온전한 성장을 이룰 수 없다. 우리는 타인과 관계를 맺으며 책임감을 배우고, 삶의 연속성을 배우고, 고통을 극복하는 법을 배우고, 그렇게 어른이 되어 가기 때문이다.

# 5

자꾸 고독 속에
숨기만 하는
당신에게

## 백년의 고독
**가브리엘 가르시아 마르케스**

❖ **부엔디아 가문의 주요 인물**

**1대손** **호세 아르카디오 부엔디아**
늪지대 마콘도 마을의 설립자. 천문학, 연금술 등에
흥미를 느끼다 고독에 빠짐

**2대손** **호세 아르카디오**
욕정에만 이끌리는 삶을 살다 총살당함

**아우렐리아노 대령**
자유주의 혁명이 미완성으로 끝난 뒤 고독에 빠짐

**3대손** **아르카디오**
혁명기에 마을의 독재자로 군림하다 총살당함

**4대손** **레메디오스**
마콘도 마을 역사상 가장 아름다운 외모를
지녔지만, 사랑을 이루지 못한 외로운 여인

**호세 아르카디오 세군도**
노동자 대학살의 참상을 목격한 뒤 고독에 빠짐

**5대손** **레메**
가난한 바나나 농장 일꾼의 아이를 낳은 후 강제
이별을 당하고 고독에 빠짐

**6대손** **아우렐리아노**
대홍수를 겪고 살아남은 부엔디아 최후의
생존자지만, 가문의 멸망을 목격함

**아마란타 우르슬라**
아우렐리아노와 근친상간해서 돼지 꼬리가 달린
아이를 낳은 후 죽음을 맞음

> 6대에 걸친 역사 속에서 꿈과 이상, 사랑을 실현하지 못하고 고독에 빠짐

> "참 덧없다는 생각이 들어.
> 세월이란 참 빨리도 흐르는구나."

**작품의 시대적 배경**

작가 가브리엘 가르시아 마르케스가 태어난 1920년대부터 《백년의 고독》이 출간된 1967년까지, 그의 조국 콜롬비아는 자유당과 보수당의 오랜 이념 대립이 끊이지 않았다. 특히 1948년 자유당 유력 정치인의 암살을 계기로 시작된 '라 비올렌시아La Violencia'(폭력의 시대, 1948-1958)에는 양당 지지자들 간에 유혈 충돌이 빚어지며 전국에서 수십만 명이 목숨을 잃었다. 1950-1960년대에는 콜롬비아를 비롯한 남미 대륙 곳곳에서 정치적 혼란과 경제적 불평등에 대한 불만을 억누르기 위해 군사 독재 정권이 들어섰고, 질서와 안보를 확립한다는 명목으로 무고한 시민들을 탄압했다. 모든 당파와 군사 정권이 노동 운동을 정치적 위협으로 여겨 노동자 세력을 가차 없이 탄압하기도 했다. 작품 속에 등장하는 자유파와 보수파의 전쟁, 자유주의 혁명, 외국 자본의 침투, 노동자 대학살 사건 등은 모두 작가가 직접 목격하고 체험한 시대적 현실을 바탕으로 한 것이다.

♦

우리가 꿈꾸는 것들이 실현되지 못하는 세상을 보면서 우리는 바깥세상으로부터 눈을 돌려 내면으로 침잠하고, 결국 혼자만의 고독에 갇히기도 한다. 《백년의 고독》은 20세기 초 남미 대륙이 겪은 아픈 역사와 사회적 변화를 집약적으로 보여주며, 그 속에서 사랑과 이상, 욕망을 끝내 실현하지 못한 부엔디아가 사람들이 그들만의 고립된 세계에 머물다 멸망해 가는 과정을 그린다.

가브리엘 가르시아 마르케스(1927-2014)는 콜롬비아의 자유주의 혁명가 집안에서 태어나 신문기자로 커리어를 쌓기 시작해 20대 후반부터 작가로 활동 범위를 넓혔다. 환상성과 현실성이 뒤섞인 독특한 문학 장르인 '마술적 리얼리즘'을 탄생시키며 20세기 위대한 남미 문학 작가의 한 사람으로 손꼽힌다. 1982년에 남미 작가로는 세 번째로 노벨문학상을 수상했다.

그의 대표작 《백년의 고독》은 부엔디아 가문의 6대에 걸친 장대한 서사를 통해 남미 대륙에서 끝내 실현되지 못한 자유와 평화의 이상을 비극적으로 그려 낸다. 부엔디아가 사람들은 혁명이나 사랑에 실패할 때마다 세상과 단절한 채 집 안에 틀어박히는 고독한 습성을 물려받는다. 그들에게 집은 시간의 흐름과 세상의 변화를 잊게 하는 '고독과 망각의 공간'이다. 그곳에서 근친상간과 조상들의 이름을 되풀이해 쓰는 자폐적 행동을 반복하다 결국 몰락의 길을 걷는다.

마르케스는 이 작품을 통해 고독은 삶에서 패배와 실망을 겪은 이들에게 불가피하게 찾아오지만, 그 고독 뒤에 숨지 말고 적극적으로 세상과 마주해야 새로운 경험과 성장의 기회, 의미 있는 변화를 만들어 낼 수 있다고 강조한다.

부엔디아 가문의 6대에 걸친 좌절과 고독의 대서사시는 늪지대 한가운데 만들어진 가상의 마을 '마콘도'에서 시작된다.

## 호기심 뒤에
## 찾아온 고독

늪지대 한가운데 고립된 마을 '마콘도'를 세운 호세 아르카디오 부엔디아는 사촌지간인 우르슬라와 사랑에 빠져, 가족들의 반대를 무릅쓰고 결혼을 강행한다. 친척들은 근친상간하면 돼지 꼬리가 달린 아이가 태어날 수 있다며 잔뜩 겁을 준다. 다행히 두 사람 사이에서는 정상적인 아이들이 태어났고, 부엔디아 가문은 평화로운 마콘도 마을에서 가축을 기르고 밭을 일구며 소박하게 살아간다.

하지만 호세 아르카디오는 고립된 마을이 비좁다고 느끼고, 해마다 마을을 찾는 집시들이 가져오는 자석, 망원경, 얼음 같은 진귀한 물건들에 빠져들며 바깥세상에 대한 호기심을 채워 나간다. 이 호기심은 점차 천문학이나 고고학처럼 현실과 동떨어진 학문들로 옮아가고, 마침내 집 안에 연금술 실험실을 만들어 하루 종일 그곳에 틀어박힌다. 그는 실험실 안에서 거대한 세상의 변화를 꿈꾸지만, 고립된 마을은 늘 그대로 멈춰 있었다. 어느 날, 그가 갑자기 어린 아들에게 말한다.

"저 하늘을 보라고. 태양이 내는 소리도 들어 봐. 어제하고도 똑같고, 그저께하고도 마찬가지야. 이거 큰 재난이 닥쳤구나."

자신이 열정을 바쳐 탐구해 온 세계가 아무런 진보도 변화도 없이 정지해 있다는 사실을 깨달은 그는 곧바로 실험실의 기구들을 모두 산산조각 내 버린다. 호세 아르카디오가 미쳤다고 생각한 마을 사람들은 그를 마당 밤나무에 묶어 놓고 죽을 때까지 풀어 주지 않는다.

인간이 고독에 빠져 자기만의 세계에 틀어박히면 시간의 흐름과 세상의 변화에 무감각해지고, 결국 삶의 의미마저 잃어버린다는 것을 경고하는 대목이다. 이후에도 부엔디아가의 많은 자손이 저마다의 실패와 좌절을 겪은 뒤 호세 아르카디오처럼 고독과 망각 속에서 죽음을 맞는 운명을 되풀이한다.

**혁명의 미완성 뒤에
찾아온 고독**

　　　　　　　아버지의 이름을 그대로 물려받은 큰아들 호세 아르카디오는 일찍부터 육체적 쾌락에 빠져 마을의 점성술사를 임신시키고, 집시 소녀에게 홀려 홀연히 마을을 떠난다. 이후 온몸에 문신을 새긴 채 마을로 돌아와 홍등가를 전전한다. 그러다 고아가 되어 어머니가 거두어 키우던 사촌 레베카를 보고 욕정이 치밀어, 다른 남자와 결혼을 앞둔 그녀를 유혹해 가족들의 반대를 무릅쓰고 살림을 차린다. 이렇게 첫째 아들은 철저히 자신의 충동적 욕망에만 휩싸여 살아간다.

　둘째 아들 아우렐리아노는 아버지가 남긴 실험실에 틀어박혀 하루 종일 은세공 연구에 몰두하는 차분하고 조용한 성격의 소유자였다. 그런데 보수파와 자유파 사이에 전쟁이 터지고, 대포를 앞세운 군대가 마을에 들이닥쳐 자유주의를 외치는 청년들을 무자비하게 탄압하자 분연히 일어선다. 아우렐리아노는 마을 청년들을 규합해 자유주의 혁명군을 조직하고, 마을을 떠나 나라 곳곳에서 서른두 차례의 무력 봉기를 일으키며 혁명군의 영웅이자 총사령관으로 거듭난다. 자신의 욕망에만 충실했던 형과 달리 더 나은 세상을 만들겠다는 혁명의 이상에 사로잡힌 삶을 선택한 것이다.

아우렐리아노가 마을 바깥에서 혁명을 계속하는 동안 형과 마을의 점성술사 사이에서 태어난 아들 아르카디오가 마을을 다스린다. 그는 사람들의 환호와 권력에 너무 쉽게 도취되어 자신의 의견에 반대하는 사람은 서슴없이 총살해 버리는 잔혹한 독재자가 되어 간다. 마을 사람들의 땅을 빼앗아 망나니 아버지 앞으로 몰아주어, 이에 격분한 사람들이 아버지를 살해하게 만들기도 한다. 이 독재자는 곧 마을에 다시 들이닥친 보수파 군대에 의해 총살당하고 만다.

혁명군 아우렐리아노는 무장한 부하들을 이끌고 마콘도 마을을 공격해 보수파를 몰아내는 데 성공하지만, 사람 좋기로 소문난 보수파 장군을 가차 없이 총살하면서 자신도 다른 잔혹한 독재자들과 비슷해져 가고 있다는 환멸에 빠진다. 또 혁명과 이상을 꿈꾸는 자유파 안에서도 보수파와 마찬가지로 자본이나 종교와 결탁하는 행동들이 나타나는 것을 보며, 혁명을 함께 이끌어 가는 사람들에 대한 불신에 시달린다. 보수파든 자유파든, 어떤 이상이든 이념이든 한 끗 차이라는 사실을 깨닫고 이념의 허망함에 사로잡힌 것이다.

결국 이 혁명의 영웅은 자신이 오랫동안 이루어 온 혁명을 끝내 완성할 수 없다는 현실을 깨닫고, 보수파 정부가 제안한

거의 모든 것을 혁명 이전으로 되돌리자는 휴전 합의문에 서명한다. 그러고는 아버지가 그랬듯이 세상의 변화와 시간의 흐름을 뒤로 한 채 자신만의 고독 속에 빠져든다. 그는 아버지의 옛 실험실에 틀어박혀 황금 물고기를 만들며 두문불출하다, 어느 날 아버지가 죽었던 밤나무 아래서 쓸쓸히 생을 마감한다.

한편 부엔디아가 여인들에게도 끊임없이 고독이 찾아온다. 사랑에 실패하고 남편이 죽음을 맞는 등 저마다 다른 상처를 입은 여인들은 그대로 집에 파묻혀 이미 끝나 버린 사랑만을 애도하며 살다 간다. 마콘도 마을 역사상 가장 아름다운 외모를 지녔으나 지적 장애를 앓던 레메디오스 역시 그 누구와도

진정한 사랑을 나누지 못한 채 어느 날 담요를 널다 바람과 함께 사라진다.

이렇게 부엔디아가 여인들은 누군가를 온전히 사랑하고 사랑받지 못한 채 혼자만의 고독에 빠진 삶을 살다 떠난다.

**대학살의 참상 뒤에
찾아온 고독**

혁명이 끝난 마콘도 마을은 주체할 수 없을 정도의 번영을 누린다. 시멘트와 벽돌로 지은 건물들이 들어서고, 철로가 놓여 기차가 드나들고, 마콘도 마을의 바나나 맛에 열광한 미국인들이 마을에 들어와 대규모 바나나 농장과 회사를 차린다. 본격적으로 외국 자본이 침투해 토착민들을 지배하기 시작한 것이다.

바나나 농장은 부엔디아 가문에도 침투한다. 당시 하루가 다르게 늘어나는 가축들로 늪지대 최고의 부를 소유하게 된 부엔디아 가문의 딸 레메가 나비 떼를 몰고 다니는 초라한 바나나 농장 일꾼과 눈이 맞아 임신을 한 것이다. 하지만 두 사람을 갈라놓으려는 가문의 사주로 아이 아빠는 곧 총에 맞아 하반신이 마비된 채 버려진다. 아이는 '아우렐리아노'라는 조상들의 이름을 물려받지만, 노동자를 천시하던 할머니가 아이를 가문의 수치로 여겨 집 안에만 가두어 키운다. 가문에 수치를 안긴 레메는 수녀원으로 쫓겨나 그곳에서 지난 연인을 그리워하며 평생을 고독과 침묵 속에 살아간다.

얼마 뒤, 마을 곳곳을 장악한 외국인 농장주들의 횡포가 심해지자 노동자들이 대규모 파업에 나선다. 그러자 외국 자본과 결탁한 군대가 마을로 들어와 바나나 농장과 철로를 파괴하는 노동자들과 대치한다. 당국은 사태를 해결하기 위해 노동자들에게 마콘도역으로 모이라는 소집령을 내리고, 파업에 참여했던 부엔디아 가문의 젊은이 호세 아르카디오 세군도도 3000명이 넘는 군중과 역으로 간다. 역에 도착하자 갑자기 군중을 향해 기관총이 무자비하게 발포되고, 얼마 뒤 정신을 차린 호세 아르카디오 세군도는 자신이 시체 더미와 함께 기차에 실려 가고 있다는 사실을 깨닫는다. 기차에서 간신히 탈출해 집으로 돌아온 그는 가족들에게 자신이 목격한 대학살의 참상을 알린다. 하지만 이미 정부가 온갖 통신 수단을 장악해 3000명의 노동자가 평화로운 협상을 마치고 기차로 고향에 돌아갔다는 뉴스를 퍼뜨린 뒤였기 때문에 아무도 그의 말을 믿지 않았다. 충격에 휩싸인 그는 자신의 조상들처럼 홀로 연금술 실험실에 틀어박혀 고독 속에서 생을 마감한다.

이 사건은 1920년대에 실제로 일어났던 '콜롬비아 바나나 대학살' 사건을 모티브로 삼았다.

## 대홍수와
## 가문의 종말

대학살이 일어난 지 얼마 지나지 않아 5년 가까이 하루도 쉬지 않고 비가 내리는 대홍수가 시작된다. 바나나 나무는 하나도 남김없이 뿌리째 뽑히고, 집 안에는 물이 들어차 물고기들이 헤엄쳐 다니고, 짐승들은 떼죽음을 당하고, 사람들의 얼굴은 해조류처럼 초록빛으로 변해 간다. 부엔디아 가문 사람들도 대부분 죽음을 맞는다.

그러던 어느 날 갑작스레 비가 그치고, 숨이 막히도록 뜨거운 먼지와 무더위만 가득한 부엔디아 가문에는 바나나 농장 노동자의 아들인 아우렐리아노만 남는다. 얼마 뒤 유학을 떠났던 아름다운 이모 아마란타 우르슬라가 마콘도 마을의 집으로 돌아오고, 두 사람은 사촌지간이라는 사실도 망각한 채 뜨거운 사이로 발전한다. 그들은 불개미들이 들끓어 제대로 잠을 잘 수도 없는 집 안에서 하루 종일 광적으로 사랑을 나누며 현실 감각을 완전히 상실한다. 홍수가 모든 것을 휩쓸고 간 세상에서 마주한 극단적인 고독을 근친상간의 다급한 욕정으로 해소하려 한 것이다. 그사이 마을 사람들은 뜨거운 흙먼지와 무더위만 남은 마콘도 마을을 버리고 하나둘 떠나간다.

두 사람 사이에서는 곧 아이가 태어난다. 그런데 아이는 돼지 꼬리가 달린 기이한 모습이었고, 아이 엄마는 출산한 직후

하혈이 멈추지 않아 죽음을 맞는다. 홀로 남은 아우렐리아노는 무섭게 불어닥치기 시작한 회오리바람 속에서 돼지 꼬리가 달린 아이의 탄생과 가문의 종말을 예언하는 고문서를 읽어 내려가기 시작한다. 6대에 걸친 부엔디아 가문의 장대한 서사는 여기서 막을 내린다.

♦

 부엔디아가 사람들은 혁명의 실패와 외국 자본의 침투, 노동자 탄압, 자연재해 등 바깥세상의 다양한 아픔을 등진 채 결국 망각과 고독에 빠지며 자멸의 길을 걸었다. 끝내 자신들이 꿈꾸던 세계를 보지 못한 그들의 모습은 어쩌면 아픈 역사의 흔적을 간직한 남미 대륙의 모습과도 닮아 있다. 작가는 어떤 좌절을 겪더라도 고독에 매몰되지 말고 바깥세상을 향해 나아가야 한다는 메시지를 전한다. 고독은 시간의 흐름과 세상의 변화 앞에 우리를 무감각하게 만드니, 의미 있는 삶을 살기 위해서는 생의 마지막 순간까지 고독과 싸워 이기는 자세가 필요하다고 말해 준다. 그러기 위해서는 매 순간 의미 있는 역사를 함께 만들어 가는 주변 사람들의 소중함, 그리고 어떤 역사든 바꾸어 나갈 힘을 가진 자신의 소중함을 망각하지 않는 것이 중요하다.

# 6

자신만의
틀 안에 머무는
당신에게

오만과 편견
제인 오스틴

❖ **등장인물**

**베넷 씨** — **베넷 부인**
베넷 가문의 가장 / 딸들을 부잣집에 시집보내려는 목표를 가진 속물적인 어머니

**제인** ········· **빙리**
베넷 가문의 첫째 딸. 빼어난 외모에 조용하고 차분한 성격의 소유자 / 다아시의 친구이자 제인의 연인. 따뜻하고 우유부단한 성격의 귀족 청년

**엘리자베스** ········· **다아시**
베넷 가문의 둘째 딸. 자존감과 판단력을 지닌 주체적인 여성 / 오만한 귀족 신사지만, 엘리자베스와 사랑을 하며 겸손을 배우는 인물

*중간 두 딸은 생략*

**리디아** ········· **위컴**
베넷 가문의 철부지 막내딸. 충동적인 행동으로 가족을 위태롭게 함 / 겉보기에는 매력적이지만, 거짓된 성격을 가진 미남 군인

**콜린스** ········· **샬럿**
베넷 가문의 상속자인 성직자. '감정 없는 결혼'을 상징하는 인물 / 엘리자베스의 친구. 현실적인 생존 전략으로 콜린스와의 결혼을 선택함

---

**엘리자베스의 틀 = 편견**
"내게는 사람을 보는 남다른 안목이 있어!"
(실제로는 사람들의 겉모습에 휘둘려 섣부른 편견에 사로잡힘)

**VS**

**다아시의 틀 = 오만**
"이 잘난 나를 거부할 사람은 세상에 없어!"
(실제로는 자신의 오만이 사람들의 반감을 일으킨다는 사실을 모름)

"당신으로 인해 저는 겸손이라는 것을 배웠습니다.
저는 그때 당신에게 가면서 당신이 저를 받아 줄 거라고
한 치의 의심도 하지 않았습니다. 하지만 당신은 기쁨을 받을
자격이 있는 여성에게 기쁨을 줄 수 있으리란 나의 자만이
얼마나 하찮은 것이었는지 깨닫게 해 주었습니다."

## 작품의 시대적 배경

작가 제인 오스틴이 살았던 18세기 후반에서 19세기 초반의 영국은 여성의 독립성과 선택권이 철저히 제한된 사회였다. 여성은 법적으로 독립된 존재가 아니었으며, 재산 상속도 대부분 남성에게만 이루어졌다. 여성은 부모나 남편의 보호 아래 놓인 '종속된 존재'였고, 직업을 선택하거나 교육을 받을 기회도 극히 제한적이었다. 이 때문에 여성에게 결혼은 단순한 사랑의 결실이 아니라 생계를 유지하고 사회적 지위를 확보하는 거의 유일한 수단이었다. 그래서 배우자의 사회적 신분과 재산이 결혼을 결정짓는 가장 중요한 요소였다. 《오만과 편견》은 이런 시대상 속에서도 결혼 시장의 '객체'가 아닌 '주체'로서 사랑과 존중, 소통을 추구하는 새

롭고 현대적인 여성상을 제시한다.

♦

'현대 로맨스 소설의 기초를 다진 작가'로 평가받는 제인 오스틴(1775-1817)은 영국 햄프셔 지방의 목사 가정에서 8남매 중 일곱째로 태어나, 결혼이 여성의 유일한 생존 수단이던 시대에 평생 독신으로 살았다. 마흔둘의 젊은 나이에 병으로 생을 마감하기 전까지 《이성과 감성》, 《오만과 편견》, 《엠마》 등 여섯 편의 장편소설을 남겼는데, 모두 오늘날까지 영화와 드라마로 꾸준히 제작되며 사랑받고 있다.

춤과 사교 활동을 좋아했던 오스틴은 스무 살 무렵 옥스퍼드 졸업생 톰 르프로이와 열렬한 사랑에 빠졌지만, 자산가 여자를 원한 톰 부모의 반대로 헤어진다. 20대 후반에는 해리스 빅위더라는 부유한 남자에게 자신은 물론 가족의 안락한 삶까지 보장되는 청혼을 받지만, '사랑 없는 결혼은 할 수 없다'며 청혼을 수락한 지 하루 만에 번복하기도 했다. 사랑 없는 안락함보다 외로운 진심을 택했던 오스틴은 '결혼'이라는 중차대한 과제 앞에서 좌충우돌하는 동시대 청춘 남녀들의 이야기를 작품 안에 생생히 담아냈다.

그녀가 작품 속에서 일관되게 강조한 것은 '사회적 통념을 넘어 진짜 자신의 마음을 따르는 사랑'이다. 작품 속 주인공들은 계산이 아닌 진실된 마음으로 구애 시장에 뛰어들고, 결국에는 보상처럼 부와 사랑, 명예를 모두 얻는 해피 엔딩을 맞는다. 이를 두고 '현실에서 실현되기 어려운 낭만적 보상'이라고 비판하는 사람들도 있지만, 로맨스에 기반한 결혼을 현실에서 끝내 이루지 못한 오스틴이 자신은 물론 동시대 여성들에게 주는 선물 같은 판타지가 아니었을까 싶다.

《오만과 편견》속의 다아시와 엘리자베스 또한 사회적 통념보다는 자신의 진실되고 주체적인 감정을 따르는 인물이다. 두 사람은 서로를 통해 자신 안에 자리한 '오만'과 '편견'이라는 틀을 발견하고, 그 틀을 깨뜨림으로써 성숙한 사랑으로 나아간다. 금수저 다아시는 세상 모든 사람이 잘난 자신을 거부할 리 없다고 믿는 '오만'한 인물이지만, 그 오만함 때문에 사람들의 반감을 사고 있다는 사실은 미처 깨닫지 못한다. 엘리자베스 역시 자신이 사람을 판단하는 남다른 안목을 가졌다고 굳게 믿지만, 실은 사람들의 겉모습만 보고 성급히 판단해 버리는 '편견'의 화신이다.

이들이 어떻게 자신들의 틀을 깨부수는 성장을 할지, 이야기는 18세기 영국 남부의 작은 시골 마을 하트퍼드셔에서 시작된다.

## 편견을 부르는
## 오만한 남자

소박한 시골집에서 살아가는 베넷 부부에게는 아름다운 다섯 딸이 있었다. 그런데 당시 관습에 따라 아버지 쪽 재산은 남성에게만 상속되었기 때문에 베넷 씨가 세상을 떠나면 딸들은 재산을 한 푼도 물려받지 못한 채 알거지 신세가 될 처지였다. 속물적인 베넷 부인은 이를 모면하기 위해 딸들을 부유한 남자에게 시집보내려고 혈안이 되어 있었다. 마침 근처 네더필드 파크에 잘생기고 부유한 미혼남 빙리가 이사 오자 그녀는 딸들 중 한 명을 반드시 그에게 시집보내고 말겠다는 각오를 불태운다. 그래서 빙리가 참석하는 마을 무도회에 다섯 딸을 모두 출동시키는데, 빙리는 그중에서 외모가 가장 빼어난 첫째 딸 제인에게 한눈에 반한다.

빙리의 미혼남 친구인 다아시도 무도회에 함께 왔는데, 그는 빙리보다 더 큰 부자라는 사실 때문에 처음에는 사람들의 관심을 한 몸에 받는다. 하지만 사람을 깔보는 듯한 오만하고 무뚝뚝한 태도로 순식간에 비호감으로 전락한다. 특히 누군가가 혼자 있는 베넷가의 둘째 딸 엘리자베스에게 춤을 청하라고 권하자, "저 여인은 내 마음을 끌 만큼 예쁘지 않습니다"라며 오만한 태도로 거절한다. 이를 들은 엘리자베스와 주변 사람들은 다아시의 오만함에 혀를 내두르며, 이후 수시로 그에 대한 험담을 늘어놓는다.

한편 빙리는 제인에게 점점 호감을 키워 가고, 제인과 엘리자베스, 친구 다아시를 자신의 저택으로 초대해 자주 어울린다. 다아시는 함께 시간을 보내면서 자신도 모르게 엘리자베스의 생기 넘치는 검은 눈동자와 발랄한 태도에 끌려 자꾸만 그녀를 훔쳐본다. 얼마 후 다시 열린 마을 무도회에서, 그는 마음을 담아 엘리자베스에게 정중히 춤을 청한다. 하지만 이미 다아시에게 '차갑고 오만한 남자'라는 편견을 갖게 된 엘리자베스는 그의 청을 단호히 거절한다.

**잘못된 청혼,**
**깊어져 가는 편견**

어느 날, 베넷가의 재산을 상속받을 먼 친척 콜린스가 찾아와 엘리자베스에게 청혼한다. 그는 젊은 나이에 교구 목사가 되어 안정된 신분과 재산을 갖게 된 것에 엄청난 자부심이 있었고, 자신과 결혼하는 것은 엘리자베스에게 무조건 이득일 것이라 확신했다. 하지만 엘리자베스는 결혼을 통해 현실적 이익을 얻는 데는 관심이 없었고, 무엇보다 콜린스에게 아무런 감정을 느끼지 못했기 때문에 "이 결혼은 서로를 행복하게 해 주지 못할 거예요"라는 말과 함께 그의 청혼을 단호히 거절한다. 베넷 부인은 '넝쿨째 들어오는 복'을 차 버린

딸의 선택에 불같이 화를 낸다.

결혼이 급했던 콜린스는 엘리자베스에게 거절당한 지 불과 사흘 만에 자신을 위로해 주던 엘리자베스의 오랜 친구 샬럿에게 다시 청혼한다. 샬럿 역시 콜린스에게 특별한 감정은 없었지만, 재산이 많지 않은 여자의 유일한 생존 수단은 결혼밖에 없다고 생각했기 때문에 곧바로 청혼을 수락한다. 엘리자베스는 절친한 친구가 현실적인 이유로 감정 없는 결혼을 택했다는 사실에 큰 충격을 받는다.

이 무렵 엘리자베스는 근처 마을에 주둔 중인 잘생기고 친절한 군인 위컴과 가까워진다. 그녀는 위컴의 외적인 매력에 너무 쉽게 홀려, 그를 호인으로 판단하고 신뢰한다. 그는 어느 날 다아시와 얽힌 자신의 과거를 고백한다. 자신은 다아시 가문의 집사 아들인데, 다아시의 아버지가 그를 아껴서 교구 목사직을 맡기겠다는 유언을 남겼지만 다아시가 이를 질투해 유언을 무시하고 자신을 내쫓았다고. 이를 들은 엘리자베스는 오만하기만 한 줄 알았던 다아시가 사악하기까지 하다고 생각하며 혀를 찬다.

### 틀을 발견하는 순간

베넷 부인은 빙리와 제인이 서로 반한 모습을 보고, 제인이 곧 빙리의 청혼을 받을 거라는 기대에 부푼다. 그런데 어느 날 빙리와 다아시가 별다른 인사도 없이 갑자기 런던으로 떠나 버리고, 이후 소식마저 뚝 끊긴다. 빙리를 사랑하던 제인은 큰 상처를 입고, 이를 지켜보던 엘리자베스는 사악한 다아시가 이런 상황을 만든 거라고 굳게 믿는다. 친구가 가난한 집안 여자와 결혼하는 것을 훼방 놓으려고 빙리를 데려갔다고 생각한 것이다.

어느 날 엘리자베스는 콜린스 부부의 신혼집이 있는 헌스퍼드를 찾는데, 마침 그곳의 친척집을 방문한 다아시와 재회한다. 다아시는 자신을 미워하는 엘리자베스의 마음도 모른 채 여전히 그녀에게 깊은 사랑을 느끼고 있었다. 사실 그는 계급이나 재산 면에서 훨씬 우위에 있어, 엘리자베스가 자신의 청혼을 거절할 리 없다는 오만한 믿음에 사로잡혀 있었다. 그래서 어느 날 저녁 갑자기 그녀를 찾아가 사랑을 고백하며 청혼을 한다. 자신이 그녀에게 어떻게 비쳐지는지에 대한 이해가 전혀 없는 고백이었다. 엘리자베스는 그의 청혼을 단칼에 거절하며, 사랑하는 언니의 결혼을 방해한 장본인이자 성실한 위컴을 고의적으로 괴롭힌 사람이자 다른 사람의 감성을 무시하는 오만한 남자와는 절대 결혼할 수 없다고 못박는다.

그 순간 다아시는 처음으로 자신의 오만 때문에 다른 이의 마음을 제대로 들여다보지 못했다는 충격에 빠진다. 거절당한 상처보다 스스로의 오만함이 그를 더 아프게 했다. 엘리자베스가 자신에 대한 '잘못된 편견'에 사로잡혀 있다는 사실도 알게 된 다아시는 다음 날 엘리자베스의 산책길에 불쑥 나타나 장문의 편지 한 통을 건네고 사라진다. 편지에는 다아시의 해명이 조목조목 쓰여 있었다. 그는 늘 차분하기만 한 제인이 빙리를 좋아하지 않는다고 오해했고, 그것 때문에 빙리가 상처받을까 염려되어 그를 데리고 떠난 거라고 해명한다. 또 위컴에 대해서는 아버지의 유언대로 그에게 목사직을 맡기려 했지만, 그가 성직자 생활을 거부하며 돈을 요구해 3000파운드를 주었다고 밝힌다. 다시 돌아온 위컴이 목사직을 재차 요구하다 거절당하자 다아시의 어린 여동생을 꾀어내 그녀의 재산을 노리고 야반도주하려는 것을 간신히 막아 냈다고도 해명한다.

편지를 읽은 엘리자베스는 자신이 다아시와 위컴의 겉모습만 보고 성급한 판단을 내린 후 얼마나 오랫동안 편견이라는 틀에 갇혀 있었는지 깨닫는다.

> "나는 사랑이 아니라 허영이라는 어리석음에 빠졌었어. 처음 그 사람들을 알게 된 순간부터 나는 한 사람이 보이는 호감에 우쭐해지고 다른 한 사람이 보이는 무시에는 화가 난 나머지 편견과 무지를 추종하고 이성은 쫓아 버렸던 거야. 지금 이 순간까지 나는 나 자신을 전혀 모르고 있었어."

## 오만과 편견을 넘어선
## 사랑의 완성

 이후 엘리자베스는 런던에 사는 숙모 부부와 더비셔 지방으로 여행을 떠난다. 여행 중 다아시가 소유한 펨벌리 저택의 정원을 둘러보는데, 뜻밖에도 그곳에서 다아시와 다시 마주친다. 예상치 못한 만남이었지만 다아시는 이전과는 전혀 다른 친절하고 상냥한 태도로 엘리자베스 일행에게 정원 곳곳을 안내해 주고, 저녁 식사에도 초대해 자신의 여동생을 소개시켜 준다. 그날 밤, 엘리자베스는 자신이 다아시에 대한 편견에서 깨어나 오히려 그의 진중하고 따뜻한 모습에 새롭게 끌리고 있다는 생각에 잠을 설친다.

 며칠 뒤, 막냇동생 리디아가 도박 빚에 쫓기는 위컴과 야반도주해 행방불명 상태라는 충격적인 편지를 받는다. 놀란 엘리자베스가 황급히 집에 돌아갈 채비를 하는데, 마침 그녀를 찾아온 다아시가 이 소식을 듣고 아무 말 없이 자리를 뜬다. 그는 엘리자베스를 돕고 싶은 마음에 몰래 위컴과 리디아의 행방을 수소문해 찾아내고, 위컴의 노막 빚을 대신 갚아 준 뒤 베넷 가문의 명예가 실추되기 전에 두 사람이 정식으로 결혼할 수 있도록 지참금까지 마련해 주며 사태를 수습한다. 그는 이 사실을 엘리자베스와 베넷가 사람들에게 끝까지 감추려 했지만, 리디아가 엘리자베스에게 무심코 털어놓으며 사실이 알려

진다. 이후 다아시는 친구 빙리를 다시 제인 곁으로 보내, 두 사람이 서로 변치 않는 사랑을 확인하고 결혼에 골인할 수 있도록 돕는다.

얼마 뒤, 다아시는 다시 엘리자베스를 찾아와 자신의 변함없는 사랑을 고백한다. 그리고 이제 자신에 대한 생각이 바뀌었는지 조심스럽게 묻는다. 누구나 자신을 좋아할 수밖에 없을 거라는 오만한 태도는 더는 찾아볼 수 없었다. 엘리자베스는 편견에 사로잡혔던 자신의 마음이 크게 변했음을 고백하며, 이제는 그의 진심을 기쁘고 감사한 마음으로 받아들일 수 있다고 청혼을 수락한다. 이야기는 이렇게 해피 엔딩으로 마무리된다.

◆

두 사람은 '오만과 편견'이라는 틀을 깨부수려는 노력으로 진정한 사랑을 얻을 수 있었다. 제인 오스틴은 사랑은 사회적 잣대에 맞추려 애쓰는 것이 아니라 서로의 틀을 함께 깨부수며 치열하게 성장하는 과정이라는 메시지를 전한다. 결국 내가 가진 틀을 깨부수지 않고는 그 누구도 온전히 사랑할 수 없다. 사랑이란 상대를 나의 틀에 맞추려 하기보다 상대를 바라보는 나의 틀을 깨부수는 과정에서 더욱 깊어지고 성숙해질 테니.

# 7

꿈을 향해
돌진하는
당신에게

## 돈키호테
미겔 데 세르반테스 사아베드라

**이상주의** vs **현실주의**

**돈키호테**

스페인의 라만차 지역에
사는 시골 귀족.
기사도 소설에 심취해
세상에 정의를
실현하겠다는 일념으로
모험을 떠나는 인물

**산초**

가난한 농부 출신의 종자.
돈키호테의 모험에 동행하며
현실적인 시각으로
균형을 잡아 주는 인물

"산초야, 진정한 용기에는 마법도 맥을 못 추는 법이니라.
마법사들이 아무리 나를 못살게 굴어도
내 용기와 끈기 앞에서는 무릎을 꿇게 마련이니라."

## 작품의 시대적 배경

《돈키호테》의 고향인 스페인은 16세기 중반 해상 무역을 장악한 '무적함대 Armada Invencible'를 앞세워 세계를 호령하던 제국이었다. 하지만 1588년 영국 해협에서 영국 함대와 격렬한 해전을 펼치던 무적함대가 참패하면서 스페인은 급격한 쇠퇴의 길로 접어든다. 국민들은 전쟁으로 인한 재정 파탄, 귀족 중심의 불평등한 사회 구조, 만성적인 식량난 등 현실적인 고통뿐만 아니라 제국의 몰락에 따른 환멸과 무력감에 시달려야 했다. 또한 당시 유럽 전역을 휩쓴 르네상스의 영향으로 사고의 중심이 신에서 인간으로 빠르게 이동한다. 국가와 신앙의 절대적 권위가 더는 설득력을 얻지 못하는 시대였다. 바로 이 시기(16세기 말-17세기 초)에 영국의 극작가 셰익스피어와 스페인의 소설가 세르반테스가 국가나 교회의 명령이 아닌 자신의 판단과 신념에 따라 움직이는 자율적이고 근대적인 인물을 문학에 최초로 등장시키며 '근대 문학'의 지평을 연다. 세르반테스가 탄생시킨 돈키호테는 현실의 모순을 온몸으로 부딪치며 돌파하려는 인물로, 스스로 선택한 삶을 살아가는 자율적 개인이라는 점에서 근대적 인물의 선구자로 평가받는다.

◆

《돈키호테》(1605)의 작가 미겔 데 세르반테스 사아베드라(1547-1616)는 스페인의 무적함대가 몰락하고 제국의 영광이 빠르게 저물어 가던 시대에 험난한 삶을 살았다. 어린 시절 온 가족이 빚과 가난에 허덕이며 떠돌이 생활을 했고, 전쟁에서 왼팔을 잃어 평생 불구로 살아야 했다. 해적에게 납치되어 아프리카에서 수년간 가혹한 포로 생활을 했으며, 포로에서 풀려난 뒤에는 세입 징수관으로 일했지만 비리 혐의로 수차례 감옥에 수감되었다.

그는 겉으로는 '제국의 시민'이었지만 실제로는 국가로부터 아무런 보호도 받지 못한 '고립된 개인'이었고, 포로 생활과 옥살이로 한동안 자유마저 박탈당했다. 그래서 환갑에 가까운 나이에 감옥 안에서 세상의 질서나 권위에 휘둘리지 않는 주체적인 인물 '돈키호테'를 창조해, 스스로에게 진정한 자유를 선물하려 했던 것 같다. 그는 "돈키호테는 오직 나를 위해 태어났고, 나는 그를 위해 태어났다"라는 말을 남기기도 했다.

당시 쇠퇴해 가던 스페인에서는 잘나가던 중세 시대의 향수를 자극하는 기사도 소설이 유행했다. 돈키호테는 그런 소설 속의 기사처럼 정의를 실현하는 모험에 나서는 '이상주의자'다. 작가는 그의 우스꽝스러운 기행을 통해 비현실적인 이상에 사로잡힌 인간의 어리석음을 풍자하는 듯하지만, 동시에 아무리 허황된 꿈일지라도 그것을 이루기 위해 맹렬히 나아가는 인간 정신의 숭고함을 보여 준다. 주어진 한계를 뛰어넘으려는 돈키호테는 번번이 현실의 벽에 부딪히지만, 그의 진심과 용기, 멈추지 않고 실천하려는 의지는 현대를 살아가는 우리에게도 여전히 깊은 울림을 준다.

그의 반대편에는 극단으로 치닫는 돈키호테를 견제하며 균형을 잡아 주는 현실주의자 산초가 등장한다. 작가는 '이상주의자' 돈키호테와 '현실주의자' 산초가 함께하는 좌충우돌 여정을 통해 결국 이상과 현실 사이에서 끊임없이 갈등하는 인간의 숙명을 보여 준다.

두 사람의 좌충우돌 모험담은 17세기 스페인의 라만차 지역에서 시작된다.

## 돈키호테 데 라만차_
## 풍차를 향해 돌진하는 남자

스페인의 라만차 지역에 50이 다 된 늙은 지주가 조카딸과 가정부와 함께 살고 있었다. 그는 서재를 가득 채운 기사도 소설에 빠져 살다가 소설 속의 방랑 기사들처럼 온 세상을 돌아다니며 정의를 실현하고 명예를 드높이겠다는 시대착오적인 결심을 한다. 중세의 기사는 이미 역사 속으로 사라진 추억의 존재들이었는데 말이다.

그는 모험에 나서기 전 스스로에게 '돈키호테 데 라만차', 즉 라만차 지역의 돈키호테라는 기사명을 붙인다. 뻔한 현실에 안주하지 않고 기사로서의 새로운 삶을 스스로 창조하겠다는 의지를 드러낸 것이다. 대부분의 기사도 소설에 기사가 명예를 바칠 아름다운 공주가 등장하는 것처럼, 돈키호테도 평소 흠모하던 근처 마을 농부의 딸에게 남몰래 '둘시네아'라는 이름을 붙이고 자신만의 공주로 삼는다. 그리고 처자식을 먹여 살리느라 늘 생계에 쪼들리는 마을 농부 산초 판사에게 함께 모험을 떠나면 훗날 정복할 섬의 총통 자리를 주겠다고 꾀어 몸종으로 삼는다.

마침내 어느 무더운 여름날, 어설픈 투구와 방패, 낡은 창으로 무장한 돈키호테가 비쩍 마른 말에 올라 산초와 함께 모험길에 나선다. 사람들은 우스꽝스러운 기사 복장에 허무맹랑한

소리를 늘어놓는 그를 비웃지만, 기사도의 환상에 사로잡힌 돈키호테의 눈에는 길에서 마주치는 모든 것이 예사롭지 않았다. 들판 위에 나타난 수십 개의 풍차는 기사를 위협하는 사악한 거인으로 보여 그것을 향해 용감하게 돌진했다가 풍차 날개에 치여 땅바닥에 내동댕이쳐진다. 다가오는 마차 무리를 공주를 납치한 괴물로 보고 달려들었다가 만신창이가 되도록 얻어맞고, 이발사의 놋대야를 기사의 황금 투구라 믿고 용맹히게 돌진해 빼앗아 쓰기도 한다. 징역선으로 끌려가는 죄수들을 부당하게 자유를 빼앗긴 사람들로 보고 풀어 주었다가 오히려 그들에게 돈과 나귀를 빼앗기기도 한다.

정의를 실현하겠다는 이상에 사로잡힌 돈키호테는 앞뒤 재지 않고 돌진하지만, 번번이 현실의 벽에 부딪힌다. 이에 이상보다 그날 먹을 빵과 포도주가 더 중요했던 현실주의자 산초는 이렇게 말한다.

> "주인님, 위험한 줄을 알면서 굳이 나아가는 것은 그다지 분별 있는 일이 아닙니다요. 내일을 위해 오늘을 참고, 한 번에 모든 것을 바라지 않는 것이 현명한 사람의 방법입니다요."

**삶, '사로잡힘'의
또 다른 이름**

길에서 만난 한 양치기가 평화로운 시골길에서 왜 기사 갑옷을 입고 다니냐고 묻자 돈키호테가 이렇게 답한다.

> "이 몸은 운명이 이 몸에게 준비해 둔 위험 속에서도 가장 위험한 모험에 온몸을 내던지기로 결심하고 가엾은 자, 가난한 자를 돕기 위한 모험을 찾아 이토록 황량하고 삭막한 땅을 가는 것이오."

이렇게 자신만의 숭고한 이상에 사로잡혀 길을 가는 돈키호테 앞에 또 다른 대상에 '사로잡힌' 사람들이 나타난다. 돈과 물질에 사로잡힌 탐욕스러운 농부, 사랑에 배신당해 슬픔에 사로잡힌 청춘 남녀, 잃어버린 가족을 향한 그리움에 사로잡힌 여인 등 모두 자신만의 사랑과 증오, 슬픔과 환희에 사로잡혀 살고 있었다. 작가는 이들의 모습을 통해 무언가에 사로잡힌 채 살아갈 수밖에 없는 인간의 숙명을 보여 준다. 겉으로는 자유롭게 살아가는 듯하지만 누구나 각자의 감정과 욕망, 상처와 기억에 사로잡혀 있다. 어쩌면 우리의 모습도 자신만의 무모한 이상에 사로잡힌 돈키호테와 크게 다르지 않을 것이다.

돈키호테는 번번이 부상과 고난을 겪으면서도 그것이 방랑 기사에게 주어지는 특권 같은 시련이라 여기며 낙관적인 마음을 잃지 않는다.

"운명은 재난으로부터 피하기 위한 방법을 주려고 재난이 닥친 중에도 언제나 한쪽 문을 열어 놓는 법이네."

늘 넘어지고 다치는 그를 일으켜 세우는 것은 그가 직접 만든 엉뚱한 '마법의 약'이다. 여관에서 몸싸움 끝에 크게 다친 뒤에도 그는 향유와 기름, 소금과 포도주를 한데 넣고 끓여, 이 약이 기사에게만 효력을 발휘한다고 믿으며 벌컥벌컥 들이켠다. 그러고는 순식간에 기력을 회복한다. 그의 이상은 언제나 그의 체력을 앞질러 달리고 있었다.

## 속고 속이는 세계,
## 그 안의 선택

　　　　　　돈키호테가 기사도 소설에 심취해 기행을 일삼는다는 소식을 들은 고향 친구들은 그를 고향으로 데려오기 위해 손발을 묶어 소달구지에 태우려 한다. 이때 한 친구가 마법사로 변장해 "돈키호테 님의 모험이 완성되기 위해서는 둘시네아 공주와 혼인을 해야 하니, 돈키호테 님에게 꼼짝 못하게 하는 마법을 걸어 한시바삐 공주님께 모시고 가려 합니다"라고 거짓말을 한다. 이에 속은 돈키호테는 온몸이 결박되어 소달구지에 실려 가면서도 자신이 마법에 걸려 둘시네아 공주에게 향하고 있다고 믿으며 행복해한다. 그는 도중에 산초에게 진실을 듣고서야 이 '달콤한 마법'에서 깨어난다.

　억지로 고향에 끌려온 돈키호테는 몸이 회복되자마자 산초와 다시 모험을 떠난다. 떠나는 날 아침, 둘시네아 공주에게 인사를 올리고 가겠다고 고집을 부리자 산초는 마주 오던 초라한 시골 처녀를 가리키며 둘시네아 공주가 마법에 빠져 저렇게 초라한 시골 처녀로 변했다고 둘러댄다. 산초는 이 마법을 깨기 위해 더욱 용감하게 모험길에 나서자고 돈키호테를 독려한다. 돈키호테는 세상의 모든 부조리와 불의는 세상이 마법에 걸린 탓이라고 굳게 믿으며, 그 마법을 깨기 위한 기행에 한층 더 몰입한다.

이런 기행에 관한 소문을 들은 부유한 공작 부부는 두 사람을 골려 주기 위해 자신들의 영지로 초대한다. 그들은 둘시네아 공주의 마법을 풀기 위해서는 산초가 자신의 맨엉덩이를 3300대 내려쳐야 한다는 황당한 거짓말을 꾸며 내고, 이 말을 철석같이 믿는 돈키호테 앞에서 결국 산초는 애꿎은 나무둥치를 채찍질하며 자신의 엉덩이를 때리는 척 연기해야 했다. 또한 공작 부부는 섬의 총통이 되기를 꿈꾸던 산초에게 가짜 총통 자리를 내주고, 제대로 먹거나 쉴 틈도 주지 않은 채 고귀한 지도자답게 행동하라며 장난을 이어 간다. 산초는 곧 자신에게는 명예를 위해 현실의 안락함을 포기할 지도자의 기질이 없음을 깨닫고, 그토록 바라던 총통 자리에서 미련 없이 물러나 공작 부부의 영지를 떠나온다.

　이처럼 서로 속고 속이는 연극 같은 인생에서 몽상가 돈키호테는 연극에 더욱 몰입하며 무대를 즐겼고, 현실주의자 산초는 자신의 기질과 한계를 자각하며 섣불리 연극에 휩쓸리지 않았다.

## 기사의 최후

　어느 날, 돈키호테를 다시 고향집으로 데려가려는 친구가 '흰 달의 기사'로 분장한 채 그 앞에 나타난다. 친구는 결투를 신청하며, 자기에게 지면 기사 생활을 접고 즉시 고향으로 돌아가라는 조건을 내건다. 오랜 모험으로 심신이 지쳤던 돈키호테는 결투에서 힘없이 패배한다. 자신이 기사로서의 용맹함을 잃었다고 생각한 돈키호테는 갑옷을 벗은 초라한 행색으로 고향집에 돌아와 몸져눕는다. 기사도의 믿음에서 비로소 깨어난 그는 어느 날 사람들에게 말한다.

> "축하해 주게, 나는 이제 라만차의 돈키호테가 아니야. 시골 지주 케하나일세. 방랑 기사 이야기는 이제 지긋지긋해. 죽을 때가 되니 눈앞이 밝아지는군!"

그 뒤 돈키호테는 긴 모험을 함께했던 산초의 손을 꼭 쥔 채 조용히 눈을 감는다. 돈키호테의 친구는 그의 묘비에 다음과 같은 글을 남긴다.

> "행운을 믿었던 사나이,
> 세상을 미쳐서 살다가
> 죽어서 온전한 정신을 가졌다네"

◆

우리는 어쩌면 돈키호테처럼 얼마간은 자신의 꿈에 사로잡혀 반쯤 미친 채 살아가고 있는지도 모른다. 그렇게 조금은 미친 듯 살아야만 온전한 정신으로는 겁이 나서 해낼 수 없는 놀라운 일들을 이룰 수 있을 것이다. 환갑에 가까운 나이에《돈키호테》라는 세기의 작품을 쓴 작가 세르반테스처럼. 결국 우리는《돈키호테》속 인물들처럼 무언가에 사로잡혀 진실을 보지 못한 채 서로를 속고 속이며 살아갈 수밖에 없는 운명일지도 모른다. 그렇다면 차라리 나만의 꿈에 조금 더 과감히 사로잡혀 살아 보는 건 어떨까. 현실의 벽에 부딪혀 본 경험조차 없이 주어진 테두리 안에 머무는 것은 너무나 안타까운 일이라고, 풍차를 향해 돌진했던 돈키호테가 말해 주는 듯하다.

**8**

휩쓸리지 않는
사랑과 자유를 꿈꾸는
당신에게

닥터 지바고
보리스 파스테르나크

❖ **등장인물**

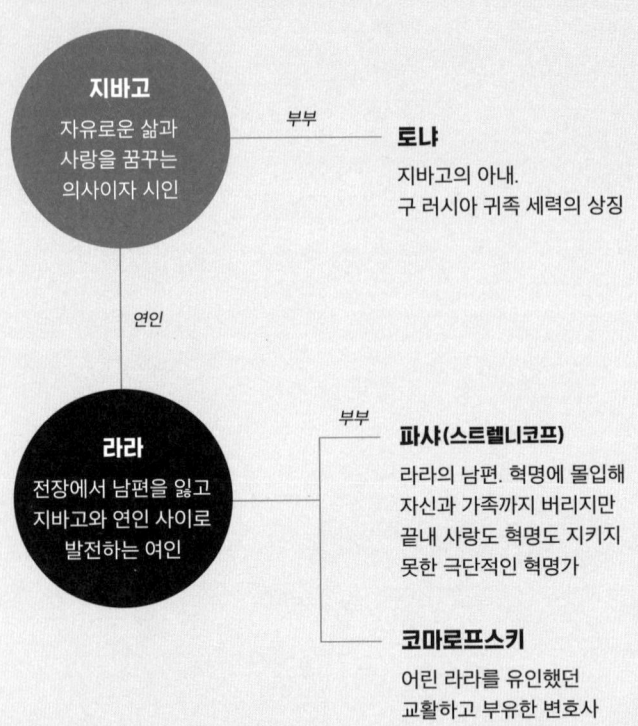

수난의 세월, 생각도 할 수 없는 일상의 시대,
그녀는 운명의 파도에 밀려 밑바닥에서 그에게로 왔다.

**작품의 시대적 배경**

《닥터 지바고》는 작가 보리스 파스테르나크가 직접 겪었던 제정 러시아의 붕괴부터 볼셰비키 혁명, 적백내전, 소비에트 연방(소련)의 탄생까지 20세기 초 러시아의 거대한 역사적 전환기를 배경으로 한다. 1905년 러일전쟁에서 패배해 위신이 실추된 제정 러시아에서는 민중의 불만이 고조되는 가운데 가난과 과로에 시달리던 노동자들이 임금 인상과 처우 개선을 요구하며 대규모 탄원 집회를 연다. 그러자 황제 니꼴라이 2세의 군대가 탄원 행렬을 향해 무차별적으로 발포하면서 수많은 희생자가 발생하는 '피의 일요일' 사건이 일어난다. 이 사건은 황제에 대한 민중의 신뢰를 급격히 무너뜨렸고, 이후 도시 노동자와 농민, 반체제 지식인 등이 황제와 자본가를 타도하고 노동자와 민중이 중심이 되는 사회주의 국가를 수립하려는 움직임을 본격화한다. 마침내 제1차 세계대전(1914-1918) 중에 황제가 퇴위하며 제정 러시아는 붕괴되고, 그 혼란을 틈타 레닌이 이끄는 볼셰비키당이 정권을 장악해 1917년에 세계 최초의 사회주의 정부를 수립한다.

이 급격한 체제의 변화 앞에서 러시아 전역은 큰 혼란에 빠진다. 기존 체제를 지지하던 자본가와 귀족은 물론 그 어느 편에도 설 수 없던 무고한 지식인과 민중들이 인민재판의 희생양이 되었고, 혁명에 반대하는 '백군'과 혁명을 지지하는 '적군'(볼셰비키당)이 5년에 걸쳐 적백내전(1917-1922)을 치르며 농촌 마을을 초토화시켰다.

농민들은 사회주의가 약속했던 토지를 손에 넣기는커녕 물자 부족에 시달리던 두 진영에 계속 땅과 농작물을 빼앗겨야 했다. 결국 적군이 승리해 1922년에 소비에트 사회주의 공화국 연방(소련)이 수립되지만, 이후에도 강제 노동, 정치적 숙청, 사상 통제가 더욱 강화되며 민중의 자유는 억압된다.

《닥터 지바고》는 이 격동기를 배경으로 시대의 폭력과 혼돈 속에 사라져 간 인간의 자유와 사랑을 그린 작품이다.

♦

작가 보리스 파스테르나크(1890-1960)는 제정 러시아 말기에 모스크바에서 태어나 제국의 몰락과 사회주의 체제를 도입하는 과정에서 벌어진 참혹한 시대적 격변을 생생히 목격했다. 이러한 경험은 그의 대표작《닥터 지바고》에 고스란히 담겨 있다.

이 작품은 예술가와 작가들을 무차별적으로 숙청하던 스탈린이 사망한 뒤에야 소련이 아닌 이탈리아에서 먼저 출판되었고, 이듬해인 1958년 파스테르나크는 노벨문학상 수상자로 지목되었으나 소련 정부의 압박으로 끝내 수상을 거부했다.

이 작품에는 작가의 분신으로 혁명기 지식인 계층을 상징하는 의사이자 시인 지바고가 등장하는데, 그는 자유로운 삶과 사랑을 꿈꾸는 인물이다. 어떤 체제 편에도 서지 않고 자유롭기를 원하지만, 서로 다른 정치적 이념을 가진 군대와 당파에 이리저리 끌려다니며 시대의 소용돌이 속에 내던져진다.

그는 러시아의 구체제 귀족(자본가) 계급을 상징하는 토냐와 결혼하는데, 자본가들에게 핍박받는 민중이자 구체제를 전복하려는 신흥 혁명 세력을 상징하는 라라와도 사랑에 빠진다. 구세력과 신흥 혁명 세력을 동시에 사랑하지만, 결국 두 사랑 모두 지켜 내지 못한다. 작가는 이를 통해 어떤 체제도 인간의 삶과 사랑을 온전히 구원할 수 없다는 메시지를 전하며, 혁명의 허상을 날카롭게 파헤친다.

이야기는 이제 막 혁명의 기운이 감돌기 시작한 1900년대 초 러시아에서 시작된다.

**총성과 함께
시작된 인연**

어린 시절에 대부호인 아버지와 어머니를 모두 잃은 지바고는 모스크바의 부유한 학자 그로메코 교수의 집에 맡겨져, 그의 딸 토냐와 함께 성장한다. 이후 의사가 된 지바고는 자연스럽게 토냐와 결혼해 아들을 낳고 가정을 꾸린다. 그런데 곧 제1차 세계대전이 일어나고, 그는 군의관으로 야전 병원에 파견된다. 그곳에서 과거 모스크바의 한 파티장에서 본 적이 있는, 간호사로 일하는 아름다운 라라를 다시 만난다.

라라는 열여섯 살 때 가난한 과부 어머니의 뒤를 봐주던 부유한 변호사 코마로프스키에게 겁탈당한 뒤, 가족의 생계를 볼모로 협박당하며 오랜 시간 노예 같은 관계를 유지해야 했다. 이에 앙심을 품은 라라는 어느 날 한 파티장에서 코마로프스키에게 총을 쏴 손에 상처를 입힌다. 이 총성은 러시아 전역을 뒤흔든 혁명의 총성이기도 했다. 노동자와 민중을 부당하게 탄압하는 부르주아 지배층에 대한 반감은 라라 개인뿐만 아니라 러시아 전역에서 번져 가고 있었다. 당시 파티장에 있던 지바고는 라라의 모습을 처음 보며 운명적인 끌림을 느꼈지만, 토냐와의 결혼을 앞두고 있었기에 다가설 수 없었다.

코마로프스키의 그늘에서 영원히 벗어나고 싶었던 라라는 자신을 쫓아다니던 철도 노동자의 아들 파샤와 결혼한 뒤, 도망치듯 우랄산맥 근처의 작은 도시 유리아틴으로 떠나 교사로 일한다. 그런데 다른 남자에게 유린당한 라라의 과거를 알게 된 파샤는 아내가 자신을 진정으로 사랑해서가 아니라 도망칠 곳이 필요해서 결혼했을 거라는 의심에 사로잡힌다. 결국 그는 어느 날 홀연히 전장으로 가겠다며 세 살배기 딸이 있는 집을 떠나 버린다. 가정생활의 불만을 전쟁이라는 역사적 무대에서 해소하려 했던 것이다. 하지만 파샤는 얼마 지나지 않아 전쟁터에서 실종된다. 라라는 실종된 남편을 찾기 위해 간호사가 되어 야전 병원으로 오지만, 남편이 포로로 잡혀 사망했다는 소식을 듣게 된다.

지바고는 남편을 잃고 혼자가 된 라라와 함께 일하며 가까워지고, 점차 그녀에게 사랑의 감정을 느낀다.

## 모든 것을 뒤엎은
## 혁명의 시작

어느 날, 수도에서 노동자들의 혁명이 일어나 황제가 폐위되고 볼셰비키당이 정권을 잡았다는 소식이 들려온다. 지바고는 다가올 혁명의 혼란 속에서 겪을 라라의 운명을 걱정하며, 마침내 그녀에게 마음을 고백한다. 하지만 두 사람은 가족을 지키기 위해 각자 모스크바와 유리아틴의 집으로 돌아가야 했다.

혁명과 전쟁으로 피폐해진 모스크바는 기아와 질병으로 신음했고, 지바고의 저택은 인민의 이름으로 볼셰비키 당원들에게 점령당해 가족들이 방 한편으로 쫓겨나 있었다. 권총으로 무장한 당원들은 지바고처럼 혁명 세력도 반혁명 세력도 아닌 어정쩡한 지식인들을 매서운 의심의 눈으로 감시했다. 도시의 배고픔과 혁명의 공포를 견딜 수 없던 지바고는 결국 혁명이 잠잠해질 때까지 조상들의 영지가 있는 외딴 시골에서 숨어 지내기로 결심한다.

그는 가족과 함께 기차를 타고 러시아 대평원을 가로질러 우랄산맥의 오지 바리키노로 향한다. 기차 밖에서는 반혁명파인 백군과 혁명파인 적군이 길고 긴 내전에 돌입했고, 이들이 차례로 휩쓸고 간 마을들은 폐허로 변해 있었다. 지바고는 이런 현실을 보며 혁명이 가져다준 갑작스런 자유와 권력을 주체할 수 없는 사람들이 자신도 모르는 역할놀이에 심취해 모든 것을 파괴하고 있다고 생각한다. 도중에 지바고는 반혁명 분자로 오인되어 스트렐니코프라는 적군 군사위원에게 끌려가 조사를 받다 가까스로 풀려나기도 한다. 위기를 넘긴 지바고 가족은 마침내 바리키노에 도착하고, 혁명 이후 국가 소유로 변한 시골 땅에 몰래 감자와 콩을 심어 수확하며 조용히 살아가기 시작한다.

## 혁명 속
### '진짜 삶'을 찾아서

지바고는 근처의 작은 도시 유리아틴의 도서관에 들렀다가 그곳에서 딸과 함께 살고 있는 라라와 우연히 재회한다. 야전 병원에서 이미 서로에게 끌렸던 두 사람은 혁명으로 고립된 유리아틴에서 마음을 터놓으며 점차 연인으로 발전한다. 혁명의 위선과 가식에 질렸던 지바고는 사랑이라는 솔직한 감정에 더욱 몰입하고 싶었던 것이다.

그러던 어느 날, 라라가 지바고에게 뜻밖의 사실을 털어놓는다. 지바고가 기차를 타고 오다 만난 스트렐니코프라는 적군 군사위원이 바로 전장에서 실종된 자신의 남편 파샤라는 것이다. 그는 자신이 이미 전사자로 처리되었다는 사실을 알고 '스트렐니코프'라는 가명으로 전장을 누비며, 아내와 아이까지 등진 채 오로지 혁명을 완수하는 데만 자신을 내던지고 있었다. 작가는 혁명 앞에서 가족과 자신의 정체성마저 등진 파샤의 모습을 통해 혁명이 얼마나 많은 사람에게서 진짜 삶을 앗아가고 허울뿐인 이념만을 남겼는지 보여 준다.

한편 지바고는 라라를 향한 사랑이 깊어질수록 아내 토냐에 대한 죄책감에 시달린다. 사랑과 책임 사이에서 갈등을 거듭하던 그는 결국 라라를 찾아가 눈물로 이별을 통보한다. 그리고 집으로 돌아오는 길에 의사가 필요한 적군(혁명군)에 납치

되어, 내전이 벌어지는 전쟁터로 끌려간다. 그는 2년간 전장을 떠돌며 무고한 사람들이 참혹하게 학살되는 모습을 목격하고, 전쟁과 혁명에 대한 극심한 환멸에 시달린다. 그런 가운데 가족이 머물던 바리키노가 외국인 부대의 습격을 받았다는 소식을 듣고 가족들의 행방을 찾기 위해 적군 부대를 탈출한다. 그는 눈 덮인 철로를 따라 한없이 걷다가 마침내 바리키노 근처의 유리아틴에 도착한다. 그곳에서 마을이 습격당하기 전에 정부의 지식인 추방 조치에 따라 가족들이 파리로 떠났다는 소식을 전해 듣는다. 유리아틴에 남아 지바고를 기다리던 라라는 생사를 알 수 없는 그에게 남긴 아내 토냐의 편지를 전해 준다.

'이 끝없는 이별과 시련과 한 치 앞도 모르는 상황, 그리고 당신의 모든 기나긴 어두운 길에 앞서 당신에게 축복의 성호를 긋게 해 줘. 어떤 일이든 당신을 원망하지 않아. 탓할 것도 없어. 당신이 원하는 대로 당신의 삶을 꾸려…. 오, 여보, 내 사랑, 나의 남편, 내 아이들의 아버지, 대체 이게 다 뭘까? 우리는 결코 다시는 만나지 못할 거야.'

아내의 애틋한 편지를 읽은 지바고는 어떻게든 다시 가족 곁으로 돌아가겠다고 거듭 결심한다. 라라 역시 거짓 이름으로 전쟁을 치르고 있는 남편이 옛집으로 돌아가 불을 밝히면, 자신은 기어서라도 그곳으로 돌아갈 거라고 말한다. 두 사람 다 혁명 이전의 평범한 일상과 가족 곁으로 돌아가고 싶은 바람을 품고 있었다. 그 일상이야말로 혁명의 위선이나 폭력이 없는 '진짜 삶'이었기 때문이다.

하지만 서로를 향한 의심과 밀고가 일상이 된 혁명재판 시대에 혁명군 부대에서 탈영한 지바고와 최근 볼셰비키 당원들의 견제를 받기 시작한 스트렐니코프의 아내 라라의 처지는 위태롭기만 했다. 어느 날, 라라를 유린했던 코마로프스키가 찾아와 두 사람의 신변이 위험에 처했으니 자신과 함께 반혁명 정부가 수립될 극동 지역으로 도망치자고 제안한다. 코마로프스키를 불신하고 증오하는 두 사람은 이를 거절하고, 폐허가 된 바리키노로 숨어든다. 두 사람은 설원의 폐가에서 혁명기에 금지된 개인의 삶, 뜨거운 사랑, 시에 대한 열정을 쏟으며 잠시나마 행복을 느낀다. 이 폐가는 '개인적인 삶과 사랑'을 철저히 짓밟는 혁명으로부터 도피할 수 있는 최후의 은신처였다.

**이념의 시대,
스러져 간 이름들**

며칠 뒤 코마로프스키가 지바고를 다시 찾아와 최근 라라의 남편 스트렐니코프가 체포되었으며, 곧 당원들이 그의 부인인 라라도 체포하러 올 거라고 경고한다.

 결국 지바고는 라라의 안전을 위해 그녀를 코마로프스키와 함께 극동 지역으로 떠나보내기로 결심한다. 그는 자신도 곧바로 뒤따라갈 거라고 안심시키며, 라라가 탄 썰매를 출발하게 한다. 지바고는 썰매가 광활한 눈길 위로 멀어지는 것을 지켜보며 라라에게 마지막 인사를 건넨다.

 "잘 가라, 하나뿐인 내 사랑, 영원토록 잃어버릴 여인이여!"

 모든 것을 버린 채 '스트렐니코프'라는 가명으로 혁명에 전념했던 라라의 남편 파샤는 체포되기 직전 라라와의 사랑도 혁명도 지켜 내지 못한 자신의 현실을 비관하며 스스로 목숨을 끊는다. 홀로 눈밭을 걸어 모스크바로 돌아온 지바고는 외국으로 추방된 가족들 곁으로 가기 위해 애쓰지만, 끝내 출국 허가를 받을 수 없었다. 이후 방에 틀어박혀 집필 활동에만 매달리던 어느 날, 거리에서 심장 발작으로 쓰러져 죽음을 맞는다.

지바고와 헤어질 무렵 그의 아이를 임신했던 라라는 코마로프스키와 함께 극동 지역으로 가서 어쩔 수 없이 그의 아내가 되어야 했다. 계속되는 난리통에 지바고의 아이를 잃어버린 라라는 아이의 행방을 찾으러 모스크바에 왔다가 지바고의 장례식에 참석하게 된다. 그녀는 두 사람의 지난 시간을 떠올린다.

> '삶의 수수께끼, 죽음의 수수께끼, 천재의 매력, 벌거벗음의 매력, 이것을 우리는 이해했었지. 지구의 변혁 같은 하찮은 세계적인 언쟁은, 이런 건 미안하지만, 실례지만, 우리의 관심 분야가 아니었어.'

며칠 뒤 라라는 모스크바의 거리에서 홀연히 사라진다. 아마 그녀는 반혁명 세력으로 몰린 스트렐니코프의 아내였다는 이유로 체포되어, 북부의 어느 수용소에서 이름 모를 죽음을 맞을 것이다.

♦

  인간의 모든 감정을 억압하고 이념만을 강요하던 냉혹한 혁명의 세계에서 개인적인 삶과 사랑, 자유를 지키고자 했던 이들은 하나둘 무력하게 스러져 갔다. 작가는 이러한 비극을 통해 시대를 휩쓴 거대한 변화와 혁명은 과연 무엇을 위한 것이었는지, 혁명이 가져다준 것보다 앗아 간 것이 더 크지는 않은지 묻는 듯하다. 역사의 변화나 혁명 같은 '거대한 언쟁'도 우리의 일상과 자유, 사랑하는 사람들의 소중함에 비하면 덧없고 하찮은 것임을 다시 한번 깨닫게 해 주는 작품이다.

# 9

"왜 내겐 진실한 친구가
없을까?"라고 묻는
당신에게

### 위대한 유산
찰스 디킨스

## 성실하고 선량한 소시민들의 세계

### 핍
뜻밖의 후원으로
상류층 세계에 발을 들이지만,
허영과 오만 속에서 방황한 끝에
다시 소시민적 가치를 깨닫고
돌아오는 인물

### 조
성실한 대장장이로
살아가는 핍의 매형

### 매그위치
과거에 죄를 지었지만
핍을 위해 헌신하며 그의
삶을 바꾸는 인물

**VS**

## 자본과 허영에 물든 신사들의 세계

### 미스 해비셤
과거의 배신에
사로잡혀 양녀 에스텔라를
이용해 남자들을 조롱하려는
복수를 꿈꾸는 인물

### 에스텔라
미스 해비셤의 손에서 자란
양녀로, 사랑을 믿지
못하도록 길러진 인물.
오랜 시간 핍의 사랑을
받지만 외면함

"부디 예전처럼 사려 깊고 착한 모습으로 나를 대해 줘.
그리고 우리는 친구라고 말해 줘."

셰익스피어가 16세기 엘리자베스 1세 시대가 낳은 대문호라면, 찰스 디킨스는 19세기 빅토리아 여왕 시대가 낳은 대문호다. 빅토리아 시대는 산업혁명이 가속화하면서 자본주의가 본격적으로 자리 잡던 시기로, 부와 신분 상승을 향한 욕망이 요란하게 들끓던 시대다.

이 시대를 살아간 찰스 디킨스(1812-1870)는 자본주의 사회의 명암을 누구보다 가까이에서 경험한 인물이다. 어린 시절 아버지가 많은 빚을 지는 바람에 온 가족이 채무자 감옥에 갇힌 적이 있고, 학교도 가지 못한 채 하루 종일 구두약 공장에서 일하기도 했다. 온 가족을 짓누른 거대한 자본주의의 틈바구니 속에서 인간다움을 잃지 않기 위해서는 주어진 자리에서 최선을 다하는 성실함과 고난에 처한 이들을 돕는 선량함, 그리고 허울뿐인 화려함에 흔들리지 않는 소박함이 필요하다는 것을 그는 일찍부터 깨달았다. 그래서 《올리버 트위스트》, 《크리스마스 캐럴》, 《위대한 유산》 등 여러 대표작에서 성실하고 선량한 소시민들이 시대를 휩쓴 물질주의에 의연하게 맞서는 모습을 따뜻한 시선으로 그려 냈다.

《위대한 유산》(1861)에서는 '성실하고 선량한 소시민들의 세계'와 '자본과 허영에 물든 신사들의 세계'가 대립한다. 소시민들의 세계에는 핍의 매형인 성실한 대장장이 조와 핍을 위해 헌신하는 죄수 매그위치가 살고, 반대편인 신사들의 세계에는 아름다운 외모로 신사들의 허영을 자극하는 에스텔라와 그녀를 통해 세상에 복수하려는 미스 해비셤이 산다.

이 두 세계를 모두 경험한 핍이 기나긴 방황을 거쳐 '타인에 대한 도움과 배려'라는 진짜 위대한 유산을 어떻게 획득해 갈지, 이야기는 그가 어린 시절을 보낸 강가 습지대 마을에서 시작된다.

**선량한 마음과
허영의 씨앗**

부모의 얼굴조차 모르는 고아 소년 핍은 누나와 대장장이 매형 조의 손에서 자란다. 그는 어느 정도 나이가 차면 조의 도제로 들어가 대장장이 일을 배울 예정이었다. 어느 크리스마스이브 저녁, 핍은 안개 자욱한 집 근처 습지에서 커다란 족쇄를 찬 무시무시한 얼굴의 탈옥수를 마주친다. 그는 핍의 팔을 거머쥐며 "내게 줄칼과 먹을 것을 가져오지 않으면 널 찾아가 잡아먹겠다"고 협박하고, 겁에 질린 핍은 누나와 매형 몰래 집에서 족쇄를 풀 줄칼과 음식을 훔쳐다 준다. 그런데 그날 밤, 군인들이 습지에서 탈옥수를 다시 붙잡아 감옥선으로 끌고 간다. 그날 이후 핍은 자신이 착한 매형 조를 속이고 탈옥수를 도왔다는 죄책감과 두려움에 시달린다. 하지만 한편으로는 드넓은 밤하늘 아래 도움이 필요한 이를 외면하지 않은 자신의 행동이 옳았다고 믿는다.

한편 윗동네에 사는 돈 많은 노부인 미스 해비셤이 어느 날 핍을 자신의 집에 초대한다. 그녀는 결혼식 당일에 남자에게 배신당한 뒤 세상과 담을 쌓고 살아가는 기괴한 인물로 소문나 있었다. 집 안에 들어서니 햇빛을 모두 차단한 어두컴컴한 실내에는 촛불만 타오르고 있었고, 집 안의 모든 시계는 미스 해비셤의 결혼식이 파토 난 8시 40분에 멈춰 있었다. 연회장 한가운데에는 온갖 벌레와 거미줄을 휘감은 썩은 웨딩 케이크도 그대로 남아 있었다. 미스 해비셤은 시간의 흐름을 거부한 채 과거의 상처에 영원히 갇혀 있었던 것이다. 누렇게 바래고 낡은 웨딩드레스를 걸친 그녀는 핍에게 자신을 '찢어진 가슴을 가진 여자'라 소개하고, 앞으로 종종 자신의 집에서 양녀 에스텔라와 놀아 달라고 부탁한다.

하지만 아름답고 도도한 에스텔라는 첫날부터 꾀죄죄한 핍을 노골적으로 무시하고 깔본다. 핍은 이런 대우에 너무 상처받고 모멸감을 느낀 나머지 마당 한편 담벼락 아래서 엉엉 울음을 터뜨린다. 에스텔라가 보낸 경멸의 눈길을 받자 자신이 경멸의 대상인 하층민 신분이라는 사실을 태어나서 처음으로 깨달은 것이다.

그럼에도 핍은 계속 미스 해비셤의 집에 드나들며 에스텔라에 대한 사랑을 키워 간다. 미스 해비셤은 에스텔라가 점점 예뻐지는 것 같지 않냐고 물으며 핍의 마음을 부추긴다. 미스 해비셤은 한 남자를 향한 자신의 사랑이 짓밟힌 뒤, 아름다운 양녀 에스텔라를 이용해 남자들의 마음을 가차 없이 짓밟는 복수를 꿈꾸었던 것이다. 결국 그녀는 공부를 핑계로 에스텔라를 외국으로 보내 버리고, 핍에게는 이제 그만 대장장이 도제로 살아가라고 선을 긋는다. 이미 에스텔라는 아름답고 오만한 존재를 소유할 수 있는 '신사들의 세계'를 갈망하기 시작한 핍은 대장장이로 살아가야 하는 자신의 운명이 더욱 초라하고 비참하게 느껴지기 시작한다.

## 화려한 신사들의
## 세계로

조의 대장간에서 일한 지 4년째 되던 어느 날, 런던의 한 변호사가 찾아온다. 그는 신분을 밝힐 수 없는 의뢰인이 핍에게 막대한 유산을 물려주고 싶어 하며, 이 유산을 상속받기 위해서는 즉시 런던으로 가서 신사 교육을 받아야 한다고 말한다. 갑작스러운 행운에 들뜬 핍은 이 모든 것이 자신을 에스텔라의 남편감에 걸맞은 사람으로 만들려는 미스 해비셤의 계획이라고 굳게 믿는다. 그래서 이별을 아쉬워하며 울먹이는 조의 마음도 모른 채 드디어 '신사들의 세계'에 발을 들인다는 꿈에 부풀어 서둘러 런던으로 떠난다.

핍은 신사 친구들과 어울리며 런던 사교계를 접하면서 사람들의 시선과 대우가 겉모습에 따라 달라지는 냉정한 현실을 곧 체감한다. 그래서 고급 가구와 식기, 값비싼 옷을 사들이고, 하인을 부리고, 화려한 클럽에 드나들며 점차 허영과 과소비에 빠져든다. '신사의 겉모습'에만 집착하는 생활을 하게 된 것이다. 한때 밤하늘 아래 도움을 청하는 보는 이들 외면하지 않으려 했던 따뜻한 마음은 이제 뒷전으로 밀려난다.

그러던 어느 날, 고향에 있던 조가 핍이 너무 보고 싶어서 런던 집을 찾아온다. 그런데 핍은 꽉 끼는 양복을 입은 촌스러운 조를 대놓고 부끄러워하며 거리를 둔다. 당황한 조는 화려한

식탁 앞에서 음식과 식기를 질질 흘리는 실수를 연발하다 서둘러 고향으로 돌아간다. 그는 떠나기 전에 핍에게 이렇게 말한다.

"나는 대장간과 부엌을 벗어나거나 습지대만 떠나면 실수를 저질러. 하지만 손에 망치를 들고 있거나 파이프를 들고 있을지언정 대장장이 작업복을 입은 나를 떠올려 본다면, 넌 내가 저지른 실수의 절반도 찾아낼 수 없을 거야."

핍이 속한 화려한 신사의 세계에는 어울리지 않을지 몰라도 자신이 성실한 대장장이로서 부끄럽지 않은 삶을 살아가고 있음을 담담히 밝힌 것이다. 이후 두 사람은 오랫동안 소식을 주고받지 않는다.

한편 외국에 나가 있던 에스텔라는 더욱 눈부신 모습으로 돌아와 런던 사교계에 등장한다. 그녀는 자신을 보고 설레 하는 핍에게 자신은 심장이 없어서 감정을 느끼지 못하는 사람이니 헛된 사랑을 품지 말라고 차갑게 경고한다. 그리고 핍은 물론 모든 사교계 남자를 얼음처럼 냉랭하게 대한다. 미스 해비셤은 이렇게 남자들을 안달하게 하고 상처를 주는 에스텔라의 모습을 흡족하게 바라본다.

## '위대한 후견인'의 정체

핍이 스물세 살 되던 어느 비 내리는 밤, 험악한 인상의 늙은 남자가 핍을 찾아온다. 놀랍게도 핍이 어릴 때 습지에서 도와주었던 족쇄를 찬 탈옥수였다. 그는 자신을 매그위치라 소개하고, 자신이 바로 핍에게 유산을 물려준 후견인이라는 충격적인 사실을 밝힌다.

고아로 태어나 평생 사기만 치며 감옥을 드나들던 매그위치는 과거에 아무 조건 없이 자신에게 도움을 준 어린 핍의 따뜻한 마음을 잊지 못했다. 그래서 핍을 돕는 동시에 자신을 천대하던 세상에 복수할 계획을 세운다. 유배지에서 피땀 흘려 모은 거액을 핍의 '신사 교육'에 쏟아부으며, 자기처럼 천대를 받는 죄수도 사람들의 존경과 찬사를 받는 신사를 길러 낼 수 있다는 사실을 세상에 보여 주려 했던 것이다. 또한 신사를 '소유'함으로써 죄수로 비참하게 짓밟혀 온 자존감도 되찾고 싶었다. 그는 마침내 죽음을 무릅쓰고 유배지를 탈출해, 그토록 공들여 키운 신사가 어떤 모습으로 살고 있는지 직접 확인하려고 런던으로 핍을 찾아왔다고 말한다.

핍은 그토록 자랑스럽게 여겨 온 '신사의 삶'이 결국 이 무시무시한 탈옥수의 손에서 탄생한 허상일 뿐이라는 사실에 큰 충격을 받고 수치심에 사로잡힌다. 하지만 죽음의 위험을 무릅쓰고 자신을 찾아온 매그위치의 절절한 진심 또한 외면할 수 없었다. 당시 유배지를 탈출한 죄수는 붙잡히면 사형에 처해졌기 때문에 핍은 매그위치를 도시 외곽의 외딴집에 숨기고, 때가 되면 보트를 타고 함께 외국으로 도주할 계획을 세운다.

### 허상을 벗는 시간

도주를 앞둔 어느 날, 핍은 미스 해비셤의 집을 찾아가 자신에게 한결같이 냉랭했던 에스텔라에게 마지막으로 사랑을 고백한다.

> "너는 내 존재의 일부야. 내가 상스럽고 비천한 꼬마로 이곳에 처음 왔던 그날 이후로 너는 내가 읽었던 모든 책의 한 줄 한 줄 속에, 내가 바라본 모든 풍경 속에 함께 있었어. 넌 내 마음속 모든 우아한 공상이 구체화된 존재였어. 런던에서 가장 튼튼한 건물들을 짓는 데 쓰인 돌덩이들조차 네 존재와 영향력보다는 덜 구체화된 존재들일 거야. 너는 마지막 순간까지 나라는 존재의 일부로, 내 안에 있는 얼마 안 되는 선한 면의 일부로, 또 악한 면의 일부로 남아 있을 거야."

하지만 에스텔라는 곧 다른 남자와 결혼을 앞두고 있다며 핍의 마음을 차갑게 외면한다. 핍은 그녀를 얻기 위해 신사의 세계까지 내달려 온 자신의 욕망이 얼마나 헛되고 어리석은 집착이었는지 깨닫고, 깊은 절망에 빠진다.

이를 지켜보던 미스 해비셤은 오래전 사랑에 배신당해 상처받았던 자신의 모습을 떠올린다. 그제서야 그녀는 에스텔라에 대한 헛된 욕망을 불어넣어 핍에게 상처를 준 자신의 행동을 뼈저리게 후회한다. 며칠 후 그녀는 핍에게 눈물로 사과한 뒤, 낡은 웨딩드레스를 걸친 자신의 몸에 불을 붙여 거짓된 복수의 삶을 스스로 마감한다. 그녀의 재산은 모두 에스텔라에게 상속된다.

한편 매그위치는 핍과 함께 배를 타고 도망치려다 심각한 부상을 입은 채 경찰에 체포된다. 그는 전 재산이 몰수된 사형수 신분으로 전락하지만, 핍은 모든 것을 내려놓고 매일 같이 그의 곁을 묵묵히 지킨다. 매그위치는 그런 핍에게서 그 어떤 돈으로도 살 수 없는 '진짜 신사'의 모습을 발견하고, 감옥 안에서 편안히 눈을 감는다.

## '위대한 친구'가 되는 법

매그위치의 재산이 몰수되면서 물려받을 유산이 사라진 핍은 채권자들의 빚 독촉에 시달리다 고열로 앓아눕는다. 어려움에 처한 핍의 소식을 듣고, 오랜 세월 핍이

　외면해 온 조가 찾아와 묵묵히 간호해 준다. 핍은 신사의 겉멋에 빠져 조를 멀리했던 지난날을 반성하며 사과하지만, 조는 덤덤하게 "우리는 오랜 친구일 뿐이야"라고 말한다. 핍이 건강을 되찾자 조는 말없이 고향으로 돌아가는데, 그가 남긴 편지 속에는 핍의 빚을 대신 갚았다는 영수증이 들어 있었다.

　핍은 이후 외국에서 사업을 하다 11년의 세월이 흐른 뒤에 다시 고향을 찾는다. 이제는 폐허가 된 미스 해비셤의 저택을 거닐던 핍은 남편에게 학대당하며 살다 최근 사별하고 혼자가 된 에스텔라를 마주친다. 두 사람은 벤치에 나란히 앉아 지난날을 회상하고, 에스텔라는 핍에게 "우리는… 친구라고 말해 줘"라며 가만히 속삭인다. 그녀는 삶의 굴곡을 겪으며 꺾이고 부러진 뒤에야 비로소 친구에게 기대고 싶은 마음을 갖게 된 것이다. 핍은 말없이 그녀의 손을 잡아 준다. 삶에 지친 두 사람이 손을 맞잡고 폐허 같은 산책로를 걸어 나오며 소설은 막을 내린다.

♦

 돈과 허영에 물든 멋쟁이 신사가 되는 것보다 어려움에 처한 누군가의 곁을 지키는 '진짜 친구'가 되는 것이야말로 값진 일임을 일깨워 주는 작품이다. 디킨스는 삶이란 결국 화려한 외적 성취보다 누군가의 진실한 친구가 되는 법을 배우는 기나긴 여정이라고 말해 주는 듯하다. 무엇보다 신사의 세계에서 휘청이던 핍을 끝내 붙잡아 준 이는 평생 대장간을 지켜 온 성실하고 선량한 대장장이 조였다. 그렇게 묵묵히 제자리를 지키는 평범한 이들의 따뜻한 마음이야말로 우리가 간직해야 할 진짜 '위대한 유산'이 아닐까.

## 10

'사랑의 덧없음'을
아는
당신에게

### 설국
가와바타 야스나리

❖ 등장인물

### 시마무라
부모의 유산으로 무위도식하며 살아가는 유부남.
모든 존재와 관계의 유한함을 깨닫고 거리를 두는 인물

### 고마코
온천 마을의 기생. 시마무라에 대한 애틋한 마음을
적극적으로 표현하며 다가서는 인물

### 요코
고마코의 죽은 약혼자의 옛 애인. 삶에 대한
애착이 느껴지지 않는 신비로운 여인

**시마무라의 세계** vs **고마코의 세계**

| 시마무라의 세계 | 고마코의 세계 |
|---|---|
| 허무주의<br>거리두기<br>무한한 자연과의 합일을 꿈꿈 | 관계, 사랑에 대한 집착<br>뛰어들기, 표현하기<br>유한한 인간의 삶을 끌어안음 |

> 국경의 터널을 빠져나가니 설국이었다.
> 밤의 끝자락은 이미 희뿌여니 밝아 왔다.
> 신호소에 기차가 멎었다.

《설국》을 쓴 가와바타 야스나리(1899-1972)는 일본인 최초로 노벨문학상을 수상한 작가다. 그는 오사카의 명문가에서 태어났지만, 열다섯 살이 되기 전에 부모와 누이, 부모 대신 자신을 길러 준 조부모까지 모두 차례로 잃었다. 이른 나이에 천애고아가 되어, 아무리 뜨거운 감정을 나누어도 결국 허무하게 사라지고 마는 인간 존재의 유한함을 일찍부터 통감했다. 그리고 이 허무주의는 그의 작품 세계를 관통하는 주요 테마가 된다.

가와바타 야스나리는 1930~1940년대 일본이 아시아 전역과 태평양 일대로 침략 전쟁을 확대하다 제2차 세계대전의 패전국이 되는 격변의 시대를 지켜보아야 했다. 하지만 이러한 시대적 혼란을 뒤로한 채 일본의 전통 풍습이나 남녀 관계의 섬세한 정서를 탐구하며 탐미주의적이고 관조적인 작품들을 써내려 갔다. 이 때문에 참여 작가들로부터 현실 도피적이라는 비판을 받기도 했지만, 그는 전쟁이나 인간의 잔혹함도 언젠가는 덧없이 사라진다는 것을 누구보다 잘 아는 허무주의자였기에 시대의 혼란을 담담히 외면할 수 있었다.

《설국》에는 작가의 분신과도 같은 인물 시마무라가 등장한다. 그는 부모의 유산으로 무위도식하며 살아가는 유부남인데, 순간을 살다 가는 사람 사이에 뜨거운 감정을 나누는 것은 그저 '헛수고' 같은 일이라 여기며 거리를 둔다. 그래서 온천 마을의 기생 고마코에게 애정을 느끼지만 두 사람 사이에는 몇 년간 눈만 첩첩이 쌓였다 녹기를 반복할 뿐, 어떤 뚜렷한 사건도 일어나지 않는다.

눈과 어둠과 은하수는 때가 되면 자연스럽게 우리 곁으로 찾아오지만, 사람이 다른 누군가의 곁을 찾아가고 머무는 것은 인위적인 노력과 결심이 필요한 일이다. 그런데 시마무라는 아무런 노력 없이 그저 눈과 어둠과 은하수처럼 고마코의 곁에 배경으로 머물다 홀연히 사라지고 싶어 한다. 곧 사라지고 말 유한한 관계에 애써 노력을 기울이지 않으려는 작가의 허무주의적 시선이 드러나는 대목이다.

《설국》은 딱히 뚜렷한 서사가 있다기보다는 이렇게 인물들 사이에 흐르는 적막한 거리감과 덧없음을 여백이 많은 한 폭의 그림처럼 그린 작품이다. 그래서 글을 읽는다기보다 마치 그림을 바라보는 듯한 착각을 불러일으킨다.

  이 '덧없음의 미학'을 담은 이야기는 일본의 한 온천 마을에서 시작된다.

## 새하얀 설원 속,
## 볼 빨간 여인

              도쿄에 사는 유부남 시마무라는 부모님이 남긴 유산으로 무위도식하면서 한 번도 직접 본 적 없는 서양 무용에 대한 비평을 쓰며 소일한다. 어느 봄날, 그는 산으로 둘러싸인 온천 마을로 여행을 갔다가 고전 춤을 배우기 위해 마을에 머물고 있는 열아홉 살 소녀 고마코를 만나 하룻밤을 보낸다. 그날 밤 고마코는 시마무라의 손바닥에 자신이 좋아하는 사람의 이름을 써 보겠다며, 고백하듯 그의 이름을 무수히 끄적인다.

  도쿄로 돌아갔던 시마무라는 이듬해 겨울, 기차를 타고 다시 온천 마을을 찾는다. 여관에서 재회한 고마코는 그새 기생 신분이 되어 있었다. 그녀는 시마무라가 떠난 날부터 매일 다시 만날 날을 손꼽아 기다려 왔는지, "우리가 다시 만난 지 199일째예요"라고 수줍게 말한다. 시마무라는 고마코의 애타는 기다림이 어쩐지 헛수고 같다고 생각한다. 두 사람 사이에 어떠

한 감정이 싹터도 결코 오래 지속될 수 없다는 것을 처음부터 알고 있었기 때문이다.

그 뒤로 시마무라를 볼 때마다 고마코의 얼굴이 새빨갛게 달아오른다. 시마무라는 그 빨간 볼을 보며, 그녀에게 더욱 다가가고 싶다는 생각과 멀어지고 싶다는 생각을 동시에 한다. 고마코의 빨간 볼은 관계의 유한함을 잊고 뜨거운 감정에 정처 없이 빠져들 것을 요구했지만, 곧 사라지고 말 덧없는 감정에 흔들리는 것은 부질없다고 여겨졌기 때문이다.

시마무라는 마을 사람으로부터 고마코가 춤 선생의 병든 아들과 약혼한 사이고, 그의 치료비를 마련하기 위해 기생 일을 시작했다는 이야기를 듣는다. 그 병든 약혼자에게는 요코라는 새로운 애인이 있다는 사실도 알게 된다. 시마무라는 온천 마을로 오는 기차 안에서 요코의 그림처럼 아름다운 얼굴을 보고 깊은 인상을 받은 적이 있었다. 그는 이들의 복잡한 삼각관계도 병든 남자가 죽으면 모두 덧없이 끝나 버릴 거라고 생각하며 허무함에 빠져든다.

그럼에도 고마코는 따뜻하고 밝은 등불처럼 매일 밤 시마무라를 찾아와 함께 밤을 보낸다. 자신을 향한 고마코의 마음이 점점 커져 가는 것을 느낀 시마무라는 기차역까지 따라오며 배웅하는 고마코를 뒤로한 채 서둘러 도쿄행 열차에 오른다. 그는 움직이는 기차 안에서 문득 격렬한 외로움에 사로잡힌다. 헛수고 같은 감정에 거리를 두려 했지만, 고마코의 빨간 볼과 그녀가 설원 위에서 느낄 쓸쓸함이 어느덧 그의 마음속에 크게 자리 잡았기 때문이다.

**메아리처럼,
닿지 않는 마음**

다음 해 겨울, 시마무라는 다시 설국의 온천 여관을 찾는다. 1년 사이에 고마코의 병든 약혼자는 세상을 떠났고, 다시 만난 고마코는 지난해 역에서 그를 배웅하던 순간 누군가를 떠나보내는 것이 얼마나 괴로운 일인지 처음 알게 되었다고 쓸쓸히 고백한다. 여관의 연회에서 손님을 상대하던 고마코는 수시로 자리를 빠져나와 시마무라의 방을 찾고, 사람들은 두 사람의 관계를 두고 쑥덕대기 시작한다. 시마무라는 여전히 그녀와의 거리를 좁히지 않는다.

> 고마코가 자신에게 빠져드는 것은 시마무라로서는 이해할 수 없는 일이었다. 고마코의 모든 것이 시마무라에게 전해져 오는데도, 시마무라의 어떤 것도 고마코에게는 닿지 않는 듯했다. 허망한 벽에 부딪히는 메아리 같은 고마코의 말들은 시마무라의 가슴속에 눈이 쌓이듯이 내려앉을 뿐이었다.

고마코의 죽은 약혼자의 애인이었던 요코도 여관의 주방 일을 돕고 있었다. 시마무라는 그녀에게도 묘한 호감을 느끼지만, 고마코에게 그러하듯 계속 거리를 두고 바라볼 뿐이다. 요코는 매일 죽은 애인의 무덤가를 찾으며 언제 무너질지 모르는 우울한 삶을 살았고, 고마코는 그런 그녀를 미워하지도 좋아하지도 못한 채 살고 있었다.

**은하수 아래 이별**

어느 날 밤, 영화를 상영하던 누에고치 창고에 불이 나 화재 상황을 알리는 종소리가 고요한 마을에 울려 퍼진다. 여관 근처에 있던 시마무라와 고마코는 눈밭을 가로질러 불이 난 곳을 향해 달려간다. 그러다 문득 눈밭 가까이에 내려앉은 은하수를 올려다본다. 여기서 이 작품의 백미라 할 수 있는 은하수에 대한 묘사가 길게 이어진다.

> 밝은 은하수가 시마무라를 빨아들일 듯 가까이 내려와 있었다. 발가벗은 은하수는 밤의 대지를 맨살로 감싸려고 가까이 내려와 있다. 무섭도록 요염했다. 시마무라는 자신의 조그만 그림자가 지상에서 반대로 은하수에 비치고 있는 것처럼 느껴졌다. 은하수에 가득한 별들은 하나하나 또렷하게 빛났고, 곳곳에 광운의 은모래도 한 알 한 알 보일 만

큼 맑았다. 은하수의 한없는 깊이가 시선을 빨아들이고 있었다.

유한한 순간을 살다 가는 인간이 무한한 대자연의 일부가 된 듯한 이 묘사는 한순간의 감정에 휘둘리는 나약한 인간이 아니라 담담한 대자연의 일부가 되고 싶어 하는 시마무라의 갈망을 드러낸다. 고마코는 시마무라를 바라보며, 자신이 쓸쓸한 설원에 홀로 남겨질 운명임을 직감한다. 한 사람은 무한한 대자연의 일부가 되기를 꿈꾸고, 다른 한 사람은 유한한 인간들이 몸을 비비며 살아가는 설원 위에 남기를 꿈꾸었기 때문이다.

불이 난 누에고치 창고에 도착한 두 사람은 2층 객석에서 떨

어지는 요코를 발견한다. 고마코는 비명을 지르며 요코를 향해 달려가고, 시마무라는 소란스러운 인파에 밀려 고마코에게서 조용히 멀어진다. 소설은 여기서 막을 내린다. 고마코의 헛수고 같은 사랑은 불길에 녹아 버린 눈처럼 허무하게 사라질 것이고, 시마무라는 설원 속 여인들에게 거리를 두었듯 앞으로도 모든 희로애락에 거리를 둔 채 살아갈 것이다.

♦

작가는 끝내 가까워지지 못한 두 사람의 모습을 빌려 찰나를 살다 가는 인간관계의 쓸쓸함과 덧없음을 보여 준다. 어쩌면 우리는 너무 쉽게 부서지고 흔들리는 존재이기에, 그 나약함과 두려움을 잊게 해 줄 누군가의 빨간 볼과 온기를 절실히 필요로 하는지도 모르겠다. 찰나의 온기에 울고 웃는 것이 한바탕 헛수고일지라도, 우리는 그 헛수고에 삶의 모든 것을 걸 수밖에 없는 덧없는 운명을 지닌 존재가 아닐까.

11

사랑의
어두운 이면이 궁금한
당신에게

폭풍의 언덕
에밀리 브론테

❖ 등장인물

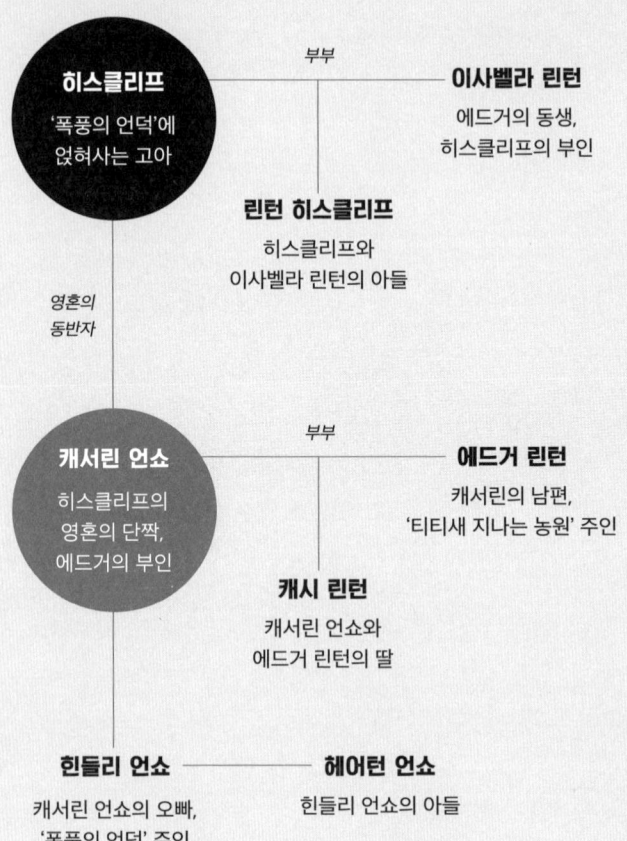

"세상이 모두 사라져도 그 아이만 있으면
나는 존재할 수 있어. 하지만 그 아이가 없으면,
세상이 그대로여도 완전히 낯선 곳이 되어 버릴 거야.
나는 더 이상 이 세상의 일부가 아닐 거야."

《폭풍의 언덕》은 셰익스피어의 《리어왕》, 허먼 멜빌의 《모비 딕》과 함께 '영문학 3대 비극'으로 꼽히는 작품이다. 작가 에밀리 브론테(1818-1848)는 영국 요크셔 지방의 외딴 시골 마을에서 성직자의 딸로 태어났는데, 《제인 에어》의 작가로 잘 알려진 샬럿 브론테의 동생이기도 하다. 《폭풍의 언덕》은 독신으로 살다가 폐결핵에 걸려 서른 살에 요절한 에밀리 브론테가 세상을 떠나기 1년 전에 남긴 유일한 장편소설이다.

소설은 크게 두 공간을 축으로 서로 상반되는 인물들이 대립하는 모습을 보여 준다. 먼저 '폭풍의 언덕'은 야생과 무질서, 감성의 세계를 상징한다. 이곳은 벌판을 자유롭게 쏘다니는 영혼의 단짝 히스클리프와 캐서린이 속한 세계다. 반대편에는 '티티새 지나는 농원'으로 대변되는 신앙과 질서, 이성의 세계가 있는데, 훗날 캐서린의 남편이 되는 린턴가 사람들이 속한 세계다.

히스클리프는 캐서린과 함께 폭풍의 언덕에서 자유롭게 살아가기를 꿈꾸지만, 캐서린은 현실적인 안정을 위해 그를 배신하고 린턴가 사람들이 속한 티티새 지나는 농원을 선택한다. 히스클리프는 캐서린을 잃은 순간부터 둘을 갈라놓은 세상에 복수하려는 악마 같은 존재로 변해 가며, 사랑이 얼마나 무서운 파괴력으로 작용할 수 있는지를 보여 주는 '폭풍' 그 자체가 된다. 그래서 이 작품은 단순한 로맨스가 아니라 사랑의 가장 어둡고 원초적인 이면을 보여 주는 고전으로 평가받는다.

과연 히스클리프는 자신의 복수를 완성할 수 있을지, 이야기는 18세기 후반 영국의 황량한 벌판에서 시작된다.

**야생에서 이성으로,
갈라지는 두 세계**

'폭풍의 언덕'이라 불리는 저택에는 언쇼 부부와 그들의 자녀인 힌들리와 캐서린이 살고 있다. 어느 날, 다른 도시로 출장을 갔던 언쇼 씨가 길가에 버려진 집시 소년을 데려와 '히스클리프'라고 부르며 친자식처럼 키우기 시작한다.

거칠고 자유분방한 성격의 캐서린은 무뚝뚝하고 인내심이 강한 히스클리프와 금세 영혼의 단짝이 된다. 주변 사람들이 캐서린에게 줄 수 있는 가장 큰 벌은 히스클리프와 떼어 놓는 것이라고 말할 정도였다. 그러나 오빠 힌들리는 아버지의 사랑을 빼앗긴 질투심에 히스클리프를 괴롭히고, 언쇼 씨는 이를 막기 위해 힌들리를 다른 도시로 유학 보낸다.

세월이 흘러 언쇼 부부가 세상을 떠나자, 집을 떠나 있던 힌들리가 돌아와 폭풍의 언덕의 새 주인이 된다. 힌들리의 미움을 받던 히스클리프는 이때부터 모든 배움의 기회를 빼앗기고, 하인들의 거처로 쫓겨나 하루 종일 고된 밭일과 매질에 시달리는 처지가 된다. 캐서린은 자신이 배운 것을 히스클리프에게 가르쳐 주거나 함께 밭을 쏘다니며 꿋꿋이 곁을 지켜 준다.

그러던 어느 날 밤, 둘은 장난삼아 언덕 아래 린턴가 사람들이 사는 '티티새 지나는 농원'에 숨어들었다가 캐서린이 집을 지키는 불도그에게 발목을 물리는 사고를 당한다. 린턴가 사람들은 캐서린을 집 안으로 들여 상처를 치료해 주지만, 히스클리프의 까만 얼굴을 보고는 불결하다며 내쫓는다. 홀로 남은 히스클리프는 창밖에서 캐서린을 애타게 기다리는데, 그녀는 린턴가 가족들이 주는 따뜻한 차와 쿠키를 먹으며 환대를 즐길 뿐이다. 그날 밤 히스클리프는 홀로 폭풍의 언덕으로 돌아와야 했고, 캐서린은 히스클리프와 함께하던 거칠고 자유로운 야생의 세계를 떠나 린턴가 사람들과 함께하는 질서와 이성의 세계로 발을 내딛는다.

상처가 나을 때까지 린턴가의 보살핌을 받으며 지내던 캐서린은 선머슴 같던 모습을 벗고 멋진 드레스를 입은 숙녀가 되어 폭풍의 언덕으로 돌아온다. 히스클리프는 그런 캐서린을 보고 자신의 초라한 모습이 부끄러워 조용히 숨어 버린다.

이후 캐서린은 '티티새 지나는 농원'에 사는 금발에 하얀 얼굴을 가진 에드거 린턴과 자주 어울리고, 힌들리는 히스클리프가 그들 사이에 끼어들지 못하도록 더욱 학대한다. 히스클리프는 자신과 캐서린을 갈라놓으려는 힌들리와 세상에 대한 복수를 꿈꾸기 시작한다.

## 사랑을
## 선택하지 못한 밤

캐서린은 결국 에드거 린턴의 청혼을 받는다. 청혼을 받던 날 밤, 캐서린은 하녀에게 자신이 꾼 꿈 이야기를 들려준다.

> "전에 한 번, 천국에서 사는 꿈을 꾼 적이 있어. 그런데 천국은 내가 있을 곳이 아닌 것 같더라. 나는 세상으로 돌려보내 달라고 정말로 서럽게 울었어. 화가 난 천사들이 나를

집어 던졌는데, 떨어진 곳이 폭풍의 언덕 꼭대기의 히스 밭 한가운데였어. 나는 너무 행복해서 엉엉 울다 깨어났어. 천국이 내 자리가 아니듯, 에드거 린턴과 결혼하는 것도 나에게 맞지 않는 일이야."

꿈속의 '천국'은 에드거 린턴이 살아가는 '질서와 이성의 세계'를 의미하고, 캐서린은 자신이 그런 세계에서 살아갈 수 없다는 것을 본능적으로 알고 있었다. 하지만 히스클리프와 결혼하면 비천한 신분으로 살아가야 해서, 신분이 높은 에드거를 택할 수밖에 없다는 현실적인 체념을 하녀에게 털어놓는다. 대화를 엿듣던 히스클리프는 상심한 나머지 그날 밤 말 한마디 없이 폭풍의 언덕을 떠나 버린다. 갑작스러운 이별에 충격을 받은 캐서린은 정신착란 증세를 일으키며 쓰러져 오랫동안 앓아눕는다.

캐서린의 오빠 힌들리도 아내가 아들 헤어턴을 낳고 세상을 떠나자 술과 도박에 빠지며 삶에 대한 의지를 잃어 간다. 폭풍의 언덕에는 이렇게 점점 더 어두운 그림자가 드리워긴다.

## 폭풍 같은
## 복수의 시간

3년 뒤, 캐서린은 치안판사가 된 에드거 린

턴과 결혼해 '티티새 지나는 농원'에서 살아간다. 한차례 정신착란을 앓고 난 후 여전히 예민하고 불안정한 상태였지만, 인내심 많은 에드거 덕분에 나름 평온한 결혼 생활을 이어 간다.

그러던 어느 날, 사라졌던 히스클리프가 몰라보게 변한 모습으로 린턴 부부 앞에 다시 나타나면서 그 평화는 깨진다. 그는 과거와 다른 세련된 말투와 옷차림, 그리고 출처를 알 수 없는 막대한 부를 지닌 채 돌아왔고, 캐서린은 반가운 마음에 남편의 불편한 시선도 아랑곳하지 않고 수시로 그를 집으로 초대한다. 히스클리프는 술과 노름으로 재산을 탕진해 가던 힌들리에게 후한 방세를 지불하며 폭풍의 언덕에 머물고, 매일 밤 힌들리와 노름판을 벌이며 서서히 그의 재산을 자기 앞으로 가져온다. 한편 에드거의 여동생 이사벨라는 히스클리프의 남성적인 모습에 매료되어 사랑에 빠진다. 히스클리프는 캐서린을 빼앗아 간 린턴 가문에 복수하려는 생각에 그녀의 마음을 받아 주는 척 다가선다.

이 사실을 알게 된 캐서린은 히스클리프와 격렬히 다툰 끝에 발작을 일으키고, 에드거는 그 틈을 타 히스클리프를 내쫓으며 다시는 집에 발을 들이지 말라고 경고한다. 히스클리프도 남편도 자신을 온전히 이해하지 못한다고 느낀 캐서린은 분노와 절망에 사로잡혀 사흘간 방문을 걸어 잠그고 식음을 전폐한다. 하지만 이성적인 남편 에드거는 캐서린이 먼저 히스클리프를 집에 들인 일을 사과해야 한다고 생각하며 그녀를 달래 주지 않는다.

그녀는 사흘간 굳게 닫힌 방 안에서 자신이 이제 어떤 세계에 홀로 남겨졌는지를 절실히 깨닫는다. 자유롭게 살아갈 수 있는 야생의 세계에서 멀어져 왔고, 영혼의 단짝 히스클리프와도 또다시 멀어진 채 냉정한 질서와 이성의 세계에 홀로 남은 것이다. 다시 방문을 열고 나온 그녀는 이제 현실을 부정하는 유령처럼 살겠다고 선언하고, 뇌염에 걸려 죽음을 향해 간다.

히스클리프는 캐서린과 자신을 갈라놓은 린턴가에 복수하기 위해 이사벨라와의 결혼을 강행하고, 결혼과 동시에 그녀를 철저히 무시하고 학대한다.

그러던 어느 날, 에드거가 집을 비운 틈을 타 히스클리프가 몰래 캐서린을 찾아간다. 두 사람은 서로의 배신을 원망하며 격렬히 다투다 결국 포옹을 나누며 변치 않는 사랑을 확인한다. 그런데 히스클리프의 품에서 정신을 잃은 캐서린이 그날 밤 딸 캐시를 낳은 직후 숨을 거둔다.

캐서린이 세상을 떠난 뒤, 폭풍의 언덕에서 술과 노름에 빠져 살던 힌들리도 갑작스러운 죽음을 맞는다. 히스클리프는 채권자 자격으로 그의 집과 땅, 아들 헤어턴까지 손에 넣는다. 히스클리프의 학대 속에 교육도 받지 못한 채 하인처럼 살아가는 헤어턴의 모습은 과거 힌들리에게 학대받던 히스클리프의 어린 시절을 떠올리게 한다.

한편 비참한 결혼 생활을 견디지 못해 런던으로 도망쳤던 이사벨라가 아들 린턴을 낳고 세상을 떠나자, 히스클리프는 린턴 가문의 상속자가 될 아들을 재빨리 폭풍의 언덕으로 데려와 함께 지낸다.

세월이 흐르고, 히스클리프는 복수의 마지막 퍼즐을 맞추기 위해 캐서린의 딸 캐시와 자신의 아들 린턴을 결혼시키려 한다. 린턴가의 유산을 상속받을 두 사람을 결혼시켜 자신의 통제 아래 두면 린턴가의 전 재산을 손에 넣을 수 있었기 때문이다. 그래서 병약한 린턴에게 호의를 베풀던 캐시를 폭풍의 언덕으로 유인한 후, 감금과 폭력을 동원해 강제로 결혼을 성사시킨다. 그사이 캐시의 아버지이자 캐서린의 남편인 에드거는 병세가 깊어져 세상을 떠난다.

**유령이 되어
재회하다**

캐시와 강제로 결혼한 병약한 린턴은 곧 세상을 떠난다. 히스클리프는 린턴이 죽기 전에 그를 협박해서 아들과 며느리의 전 재산을 자신이 상속한다는 내용의 유언장을 작성해 두었기 때문에 아들의 죽음 이후 린턴가의 재산도 손에 넣는다.

이야기가 전개될수록 악마처럼 변해 가던 히스클리프를 무너뜨린 것은 자신과 캐서린의 옛 모습을 떠올리게 하는 헤어턴과 캐시의 모습이었다. 폭풍의 언덕에서의 외로운 삶에 지쳐 있던 캐시는 까막눈인 헤어턴에게 글을 가르쳐 주며 차츰 가까워지고, 히스클리프는 어느 날 밤 두 아이가 다정하게 책 읽는 모습을 목격한다. 그는 그 속에서 잃어버린 캐서린과 자신의 순수했던 어린 시절을 떠올린다. 폭풍같이 몰아쳤던 복수심은 그 지점에서 힘을 잃는다. 그날 밤, 히스클리프가 하녀에게 고백한다.

> "밤이면 사방이 그 아이로 가득 차고, 낮이면 그 아이의 모습이 나를 둘러싸 모든 것이 그 아이처럼 보여. 온 세상이, 한때 그 아이가 살아 있었는데 이제는 떠나 버렸다는 사실이 적힌 끔찍한 비망록 같아!"

그 뒤 히스클리프는 점점 말수가 줄고, 사람들을 멀리 하고, 밤낮없이 멍한 표정을 짓기 시작한다. 정말로 사방에 보이는 캐서린의 유령에 홀렸는지 폭풍우가 몰아치는 어느 날 밤, 그는 캐서린의 옛 방에서 두 눈을 부릅뜬 채 죽음을 맞는다. 그리고 어느새 사랑에 빠졌던 헤어턴과 캐시는 히스클리프가 빼앗았던 재산을 되찾고 결혼을 한다. 비로소 '폭풍의 언덕'과 '티

티새 지나는 농원'이 화해하는 순간이 온 것이다. 이후 마을 사람들 사이에는 히스클리프와 캐서린의 유령이 폭풍의 언덕을 떠도는 것을 보았다는 소문이 퍼진다. 아마 그들은 유령이 되어서 만나, 자신들의 영원한 뿌리인 폭풍의 언덕을 다시 찾은 것일지도 모른다.

◆

이 작품은 사랑이 항상 아름답고 이타적이지만은 않다는 사실을 섬뜩하고도 아름답게 그려 냈다. 사랑은 때로 상대를 너무나 꽉 움켜쥐려다 다치게 하고, 상처를 받으면 더 크게 되갚으려 하고, 끝내는 상대의 삶을 집어삼키는 파괴적인 힘으로 변하기도 한다. 이 작품 속 히스클리프와 캐서린의 사랑도 순수하지만 이기적이고, 열정적이지만 잔인하며, 영혼의 결속인 동시에 서로를 파멸로 이끄는 저주였다. 이러한 사랑의 어두운 본질을 이해함으로써 타인을 사랑할 때의 우리 자신의 어두운 이면도 조금 더 깊이 이해할 수 있을 것이다.

## 12

'나'라는 잘못된 신념의
감옥에 갇힌
당신에게

**죄와 벌**
표도르 도스토옙스키

## 오만과 개인주의의 세계

**라스콜니코프**

"위대한 목적을 달성하기 위해서는 타인의 희생도 정당화될 수 있다"는 오만한 사상에 사로잡혀 살인을 저지르는 지식인

**VS**

## 사랑과 연대, 신앙의 세계

**소냐**

가난 속에서도 신앙과 사랑을 잃지 않고 라스콜니코프를 용서와 연대의 길로 이끄는 헌신적인 인물

'어떤 과정을 거쳐야, 마침내 온갖 생각을 접고
저들 모두 앞에서 얌전해질 수 있을까,
신념에 있어서 얌전해질 수 있을까!'

## 작품의 시대적 배경

1861년, 러시아 제국은 유럽에서 가장 늦게 농노제를 폐지했다. 황제 알렉산드르 2세가 선포한 농노해방령은 겉보기에는 인도적인 개혁처럼 보였지만, 실상은 전쟁의 패배와 경제 침체, 농민 봉기의 위협 속에서 이루어진 뒤늦은 조치였다. 이 급격한 사회 변화는 전통적인 도덕과 권위를 흔들었고, 지식인 청년들 사이에서는 기존 종교와 가치, 권력에 대한 불신이 팽배해졌다. 그들은 오직 인간의 이성과 논리만으로 세상을 재편할 수 있다고 믿었는데, 이러한 사고는 '니힐리즘Nihilism'이라는 시대정신으로 확산되었다. 니힐리즘은 선과 악, 도덕의 절대적 기준을 부정하고, 인간이 스스로의 의지로 법과 윤리를 초월할 수 있다고 믿는 사상이다. 도스토옙스키는 《죄와 벌》을 통해 시대를 휩쓴 니힐리즘에 깊은 회의를 드러내며, 인간이 신앙과 공동체, 타인과의 연대를 저버린 채 오직 독단적인 신념으로 살아가는 것은 위험하다고 경고한다.

♦

19세기 작품인《죄와 벌》(1866)이 오늘날까지 불멸의 고전으로 남아 있는 이유는 단순히 한 청년이 살인을 저지르고 벌을 받는 과정을 그린 평면적인 이야기가 아니기 때문이다.《죄와 벌》은 사랑과 연대, 신앙 같은 보편적 가치보다 개인의 신념과 개성이 더욱 중시되는 오늘날, 개인을 뛰어넘어 타인을 이해하고 사랑한다는 것이 어떤 의미인지 진지하게 묻는 작품이다.

작가 표도르 도스토옙스키(1821-1881)는 시립 병원 의사의 아들로 태어난 가난한 소시민 계층이었다. 10대 시절 아버지가 농노들에게 의문의 살해를 당한 사건은 그에게 큰 충격을 안겼고, 평생 간질에 시달리는 후유증을 남겼다. 20대에는 사회주의 사상에 심취해 비밀 정치 모임에 가담했다가 체포되어, 사형 직전에 가까스로 총살을 면하고 시베리아에서 10년간 유형 생활과 군 복무를 해야 했다. 청춘의 대부분을 유형지에서 보낸 그는 과거의 급진성을 내려놓고, 사형 직전에 자신을 구해준 신의 존재, 사람들 간의 연대, 그리고 구원과 용서에 깊은 관심을 갖는다. 유형 생활을 마치고 곧바로 발표한《죄와 벌》에는 이러한 그의 치열한 고뇌가 고스란히 담겨 있다.

작품에는 전당포 노파를 살해한 외로운 지식인 청년 라스콜니코프가 등장한다. 그는 나폴레옹처럼 비범한 인간은 신의 심판도 피해 갈 수 있으며, 위대한 목적을 이루기 위해 타인의 생명쯤은 희생시켜도 된다고 믿는 왜곡된 사상에 갇혀 있다. 당시 러시아 사회를 휩쓸던 오만한 '니힐리즘' 사상(세상에 절대적인 진리나 도덕은 존재하지 않으며, 인간이 자기 의지로 선악을 결정할 수 있다는 사고)을 상징하는 인물이다. 그래서 살인을 저지르고도 죄를 뉘우칠 줄 모른다. 그를 사상의 감옥에서 꺼내주는 사람은 바로 거리의 여인 소냐다. 그녀는 신의 존재를 믿으며, 자신보다는 타인을 아끼고 배려하는 인물이다. 라스콜니코프가 어떤 극악무도한 죄를 저질렀든 그를 끝까지 사랑하고 아끼며, 죄조차 함께 짊어지려 한다. 라스콜니코프는 소냐의 지극한 사랑으로 자신만의 사상의 감옥에서 벗어나 차차 그녀의 시선으로, 그리고 그녀가 믿는 하느님의 시선으로 자신의 죄를 바라본다. "사람은 사랑하는 사람들의 얼굴을 통해 신의 얼굴을 본다"는 빅토르 위고의 말을 떠올리게 하는 대목이나. 도스토옙스키는 이 작품을 빌려 인간은 오만한 독선이 아니라 타인과의 연대와 사랑으로 진정한 구원에 이를 수 있다고 강조한다.

이야기는 19세기 제정 러시아 시대, 인간의 마음처럼 뒤엉킨 페테르부르크의 음습한 거리에서 시작된다.

## 오만과 고독이 낳은 도끼 살인

페테르부르크의 명문대 법률학도인 라스콜니코프는 고향에 있는 홀어머니와 여동생의 도움으로 학비와 생활비를 근근이 마련하지만, 점차 돈이 쪼들려 휴학을 한 채 하숙집 골방에만 틀어박혀 지낸다. 본래부터 다른 사람과 쉽게 어울리지 못하는 오만한 외골수여서 점점 더 깊은 고립과 고독에 빠진다. 그는 아버지의 유품인 은시계마저 동네의 악명 높은 전당포 노파에게 저당 잡혔는데, 어느 날 선술집에서 젊은이들이 그녀가 악랄하고 째째하다고 욕하는 소리를 듣는다. 순간, 모두에게 해만 끼치는 바퀴벌레 같은 존재인 그녀를 죽이고, 거기서 훔친 돈으로 자신의 창창한 미래를 설계하는 것은 정당화될 수 있을지도 모른다는 위험한 생각에 사로잡힌다. 실제로 그는 세상에는 뉴턴이나 나폴레옹 같은 '비범한 인간'이 존재하며, 그들은 세상의 발전을 위해 필요하다면 도덕이나 법률을 뛰어넘어 타인의 희생까지 요구할 수 있다고 믿었다. 그는 자기도 그런 '비범한 인간'에 속하는지 시험하기 위해 전당포 노파를 살해하고 출세 자금을 마련하기로 결심한다. 그의 왜곡된 사상은 세상과 단절된 상태에서 점점 커져 가고 있었다.

마침내 7월의 어느 무더운 여름날, 그는 하숙집 수위 방에서 도끼를 훔쳐 옷 속에 감추고는 전당포 노파의 아파트로 가서 문을 두드린다. 곧이어 노끈으로 꽁꽁 묶은 가짜 저당품을 내밀고, 노파가 노끈을 푸는 틈을 타 도끼로 그녀의 머리를 수차례 내려쳐 살해한다. 그는 피 흘리며 쓰러진 노파의 목에서 지갑을 떼어 내고, 금고 안의 금품을 이것저것 훔쳐 주머니에 쑤셔 넣는다. 그때 갑자기 노파의 여동생이 들어온다. 그녀는 바닥에 쓰러져 있는 언니의 시체를 보고 경악하고, 당황한 라스콜니코프는 엉겁결에 그녀마저 도끼로 내려쳐 살해한다.

계획에 없던 두 번째 살인까지 저지른 라스콜니코프는 피범벅이 된 손과 도끼를 씻은 뒤, 아무에게도 들키지 않고 무사히 자신의 방으로 돌아온다. 살인 도구였던 도끼도 다시 하숙집 수위 방에 가져다 놓는다. 충격과 긴장 상태에서 침대에 쓰러져 정신을 잃은 그는 가까스로 깨어나 훔친 금품을 안전한 곳에 숨겨야겠다고 생각한다. 그래서 인적이 드문 집 마당 한구석에 지갑과 금품을 파묻고, 언젠가 상황이 안정되면 자신의 더 나은 미래를 위해 꺼내 쓰기로 결심한다.

**비범한 명분,
비웃음으로 되돌아오다**

라스콜니코프는 살인을 저지른 뒤 열병에 시달리며 극도의 흥분과 긴장 속에 살아간다. 그러던 어느 날 밀린 하숙비 독촉장을 받고 경찰서에 출두하는데, 그곳에서 경찰들의 대화를 엿듣다가 아파트의 페인트공 중 한 명이 전당포 노파의 살인범으로 지목되었다는 사실을 알게 된다. 순간적으로 긴장이 풀린 그는 경찰서 안에서 정신을 잃고 만다.

며칠 뒤, 넋이 나가 혼자 정처 없이 거리를 헤매던 라스콜니코프는 어느새 자기도 모르게 살해 현장인 아파트 앞에 이른다. 범인은 사건 현장을 다시 찾는 법이다. 아파트에는 새롭게 벽지를 바르고 있었는데, 그가 느닷없이 일꾼들에게 "여기서 살인 사건이 일어났는데 피는 안 보입니까?"라고 묻는다. 일꾼들은 그를 미친 사람이라고 여기며 쫓아내지만, 주변의 몇몇 경관과 그를 돌보던 대학 친구는 점점 기이해지는 그의 행동에 의심의 눈길을 보낸다. 하지만 명확한 물증이 없었기에 의심은 혐의로 이어지지 못한다. 사건을 맡은 예심판사 또한 그를 주시한다. 판사는 우연히 라스콜니코프가 과거에 쓴 '법률을 뛰어넘을 수 있는 비범한 존재들'에 관한 논문을 읽고, 살인조차 두려워하지 않는 그의 급진적인 사상을 간파했다. 게다가 라스콜니코프가 살해된 노파에게 물품을 저당 잡혔다는 사실을 안 뒤, 그가 범인일 거라는 확신을 굳혀 간다. 그래서 라스콜니코프에게 수시로 집요한 유도 질문을 던지며 심약해진 그를 더욱 압박한다.

라스콜니코프는 압박을 받으며 악몽에 시달린다. 꿈속에서 방구석에 나타난 전당포 노파를 죽이려고 그녀의 목을 도끼로 내려치지만, 그때마다 노파는 고꾸라지기는커녕 그를 바라보며 피식 비웃는다. 그의 도끼는 허공을 가를 뿐이고, 노파는 죽지 않는다. 어떤 비범한 목적과 의도를 내세웠든, 그의 살인은 세상의 비웃음을 살 뿐이라는 사실을 암시하는 대목이다.

**타인을 도우며**
**싹트는 구원**

라스콜니코프는 거리를 정처 없이 쏘다니다 얼마 전에 선술집에서 이야기를 나누었던 가난한 퇴직 관료가 마차에 치여 죽어 가는 모습을 목격한다. 그는 그 관료를 가족이 있는 집으로 데려다주고, 그곳에서 폐병에 걸린 재혼한 아내와 계모의 구박을 받으며 어린 동생들을 돌보기 위해 몸을 파는 첫째 딸 소냐를 만난다.

이 가족의 불행을 딱하게 여긴 라스콜니코프는 자신의 어머니가 최근 어렵게 부쳐 준 돈 전부를 내주며, 죽은 남자의 장례를 치를 수 있도록 돕는다. 살인까지 서시튼 사신이 여선히 절망에 빠진 이들을 돕는 선한 인간일 수 있다는 안도감에 사로잡힌 그는 다시 조용히 삶에 대한 의지를 불태운다.

다음 날, 아버지의 장례 미사에 초대하기 위해 소냐가 라스콜니코프의 하숙방을 찾아온다. 추레하고 비좁은 방 안을 찬

찬히 둘러보던 소냐는 그가 찢어지게 가난한 상황 속에서도 자신의 가족을 도왔다는 사실을 깨닫고 깊은 사랑과 감동을 느낀다. 라스콜니코프는 그런 소냐를 바라보며 환한 표정으로 말한다.

"죽은 자들에게는 안식을, 산 자들에게는 삶을 더!"

## 죄의 자백

라스콜니코프는 자신을 만나러 고향에서 올라온 홀어머니와 여동생을 한없이 냉랭하게 대한다. 분명 그들을 사랑했지만, 살인을 저지른 후 마치 가위로 자신을 세상에서 싹둑 잘라 낸 듯한 극심한 고립감에 시달리고 있었기 때문이다.

그는 거리에서 몸을 팔며 스스로를 내던진 소냐만이 살인을 저지르며 스스로를 내던진 자신과 유일하게 비슷한 처지라고 여기며, 점점 그녀에게 의지한다. 세상에서 자신을 있는 그대로 받아 줄 유일한 존재는 오직 그녀뿐이라고 믿는 것이다. 그래서 어느 날 소냐에게 자신의 무시무시한 죄를 털어놓는다. 자기가 바로 전당포 노파 자매를 살해한 범인이라고. 소냐는 충격과 공포에 휩싸이지만, 곧 라스콜니코프를 끌어안으며 말한다. 언제 어디서라도 그를 버리지 않고 함께할 테니, 죄를 자백하고 마땅한 벌을 받으라고. 그래야만 새 생명을 얻고 부활할 수 있다고. 소냐는 죄를 단죄하기보다는 죄인의 고통과 슬픔까지 헤아리며 끌어안는 인물이었다. 그런데 오랜 심문에 지친 페인트공이 자신이 전당포 노파 자매를 죽였다고 거짓 자백을 하는 바람에 라스콜니코프는 이미 모든 혐의에서 벗어난 상태였다.

그럼에도 그는 소냐의 권유대로 경찰서를 찾아가 자신의 죄를 자백한다. 소냐의 무한한 사랑과 믿음에 마음이 움직였고, 무엇보다 더는 죄를 감춘 채 훔친 금품을 가지고 미래를 향해 나아갈 배짱도 없었기 때문이다. 그는 그제야 자신이 나폴레옹 같은 '비범한 인물'이 아니라는 사실을 깨닫는다.

## '나'라는
## 감옥을 벗어나

라스콜니코프는 다른 용의자가 허위 자백까지 한 상황에서 자수한 점이 참작되어, 재판에서 비교적 가벼운 8년 형을 선고받고 시베리아 유형지로 향한다. 소냐도 그를 따라가 유형 생활을 묵묵히 뒷바라지한다. 라스콜니코프는 여전히 자신의 살인죄를 크게 뉘우치지 않는다. 살인 자체보다 살인 이후 태연히 미래를 향해 나아가지 못한 자신의 나약함을, 그리고 '비범한 인물'이 되지 못한 자신의 평범함을 자책

할 뿐이었다. 아직도 '자신만의 신념'이라는 감옥을 벗어나지 못했던 것이다.

그러던 어느 날 밤, 유럽의 모든 사람이 저마다 자신의 신념만 굳게 믿는 전염병에 걸리는 꿈을 꾼다. 보편적인 기준과 타인에 대한 이해가 사라진 세상에서 사람들은 무엇이 선이고 무엇이 악인지 합의하지 못한 채 서로 죽이고 죽는 끔찍한 혼돈이 반복된다. 이 악몽이 주는 생생한 공포에 몸서리치던 그는, 이른 아침 소냐가 다가와 가만히 손을 잡아 주는 순간 갑자기 울컥해져서 그녀의 무릎을 끌어안는다. 자신의 신념에만 무섭게 사로잡힌 꿈속 사람들과 달리 소냐는 어떤 순간이 와도 그를 무한히 이해하고 사랑해 줄 존재였기 때문이다. 작가는 이 장면을 이렇게 묘사한다.

사랑이 그들을 부활시켰고, 한 사람의 마음이 다른 사람을 위해 무한한 생명의 원천이 되어 주었다.

그날 밤, 라스콜니코프는 침대에서 소냐가 가져다준 복음서를 조용히 펼쳐 든다. 처음으로 소냐의 신념이나 감정을 이해해 보고 싶은 마음이 들었기 때문이다. 소설은 이 장면에서 막을 내린다.

♦

라스콜니코프가 자신의 죄를 진심으로 뉘우치는 장면은 소설 속에 끝내 등장하지 않는다. 하지만 '광기 어린 신념'과 '왜곡된 자의식'에 갇혀 있던 그가 소냐에 대한 사랑을 통해 비로소 타인을 이해하려는 마음을 품는 결말은 타인에 대한 사랑이야말로 인간을 자기 자신이라는 감옥에서 구원해 주는 유일한 길임을 보여 준다. 자기 안에만 갇혀 지내는 고독 속에서는 인간의 이기심과 오만함, 죄가 쉽게 자라곤 한다. 《죄와 벌》은 그런 인간에게 타인과 연대하고 사랑을 주고받으며 '나'라는 감옥 밖으로 걸어 나와야 한다는 메시지를 거듭 전한다. 이는 개인주의와 고립이 심화되는 현대 사회의 우리에게 도스토옙스키가 보내는 강렬한 경고이자 조용한 구원의 메시지가 아닐까.

**13**

세상의
변화가 두려운
당신에게

장미의 이름
움베르토 에코

```
                    ┌─────────────────┐
                    │       금서       │
                    │        ‖        │
                    │  아리스토텔레스의  │
                    │   《시학》 제2권   │
                    │ (신의 권위를 무너뜨리는 │
                    │  웃음과 해학을 담았음) │
                    └─────────────────┘
                  거부  ╱         ╲  수용
```

### 변화에 대한 거부
(절대주의 신앙, 진리의 절대성)

### 변화에 대한 수용
(이성, 합리주의, 진리의 상대성)

**호르헤 수도사**

웃음을 유발하는 금서가 기존의 신앙 체계와 질서를 무너뜨릴 수 있다고 보고, 금서의 배포를 막기 위해 애쓰는 맹인 수도사

**말라키아 수도사**

호르헤 수도사를 도와 금서의 배포를 막는 장서관 수석 사서

**금서에 접근한 수도사들**

웃음을 금지하는 수도원에서 웃음을 유발하는 금서에 접근함으로써 수도원의 권위에 도전하는 삽화가 아델모, 번역가 베난티오, 보조 사서 베렝가리오, 약초사 세베리노
(모두 시체로 발견됨)

**윌리엄 수도사**

과학적인 추론으로 살인 사건의 진상을 파헤치는 이성적인 수도사. 세상의 진리를 탐구하는 데 생각이 열려 있음

**아드소**

윌리엄 수도사의 제자

이 세상 만물은 책이며 그림이며 또 거울이거니.
장미는 우리의 모습을 그리고,
우리의 운명을 설명하고, 우리의 삶을 읽어 준다.
장미는 아침에 피어 만개했다가 이윽고 시들어 가니까.

**작품의 시대적 배경**

《장미의 이름》은 중세 말기인 14세기 이탈리아의 한 수도원을 배경으로 펼쳐지는 추리 소설이다. 이때는 교황의 절대적 권위가 흔들리고, 기존 교리에 도전하는 이단 운동이 급격히 확산되던 시기다. 세계는 하나의 진리, 하나의 중심(신)에 의해 움직인다고 믿었던 중세적 세계관이 붕괴되고, 인간 중심의 사고와 세계관이 부상하면서 자연 철학과 경험적 탐구가 부각되기 시작했다. '믿는 것이 아는 것'이라는 교리는 점차 '아는 것이 믿는 것'이라는 인식으로 변해 갔다. 《장미의 이름》은 이러한 격변의 시대에 신 중심의 기존 세계를 지키려는 인물들과 인간 중심의 새로운 세계로 나아가려는 인물들 사이의 치열한 갈등을 그린다.

♦

 《장미의 이름》의 작가 움베르토 에코(1932-2016)는 '20세기 최고의 지성'이라 불린 기호학자이자 철학가, 작가, 평론가였다. 이탈리아에서 태어나 9개 국어를 자유자재로 구사했고, 자신이 교수로 재직하던 대학 도서관에 있는 모든 책의 위치를 기억할 정도로 비상한 기억력을 지닌 인물이었다. 평생 언어와 상징의 의미를 탐구하는 기호학 연구에 몰두했지만, '죽어 있는 기호'보다 '살아 움직이는 변화'에 더 큰 관심을 가졌다. 지금 우리가 절대적으로 옳다고 믿는 지식과 질서는 언젠가 역사 속으로 사라질 수 있으며, 바로 이런 '진실의 상대성과 불완전성' 때문에 우리는 늘 세상의 변화 앞에 깨어 있어야 한다고 강조했다.
 《장미의 이름》(1980)은 신 중심의 중세에서 인간과 자연과학 중심의 근대로 넘어가는 전환기를 배경으로 한다. 작품에는 시대의 변화에 저항하며 신 중심의 중세적 세계관을 맹목적으로 지키려는 인물인 맹인 수도사 호르헤가 등장한다. 그는 수도사들의 세계관을 뒤흔들 수 있는 새로운 사상을 '이단'으로 규정하고, 그것이 전파되는 것을 막기 위해 온몸을 던지며 파국으로 치닫는다. 에코는 이 인물을 통해 세상의 변화를 외면한 채 자신의 신념만을 절대적 진실로 고집하는 태도가 얼마나 위험하고 어리석은지 보여 준다.
 이야기는 14세기 중세 이탈리아의 수도원에서 벌어진 연쇄 살인 사건에서 시작된다.

## 웃음의 금기를
## 둘러싼 죽음

깊은 산속에 자리 잡은 베네딕트회 수도원은 전 세계에서 수집한 수많은 희귀 서적이 보관된 장서관으로 유명했다. 그런데 다양한 지식을 무분별하게 접하면 잘못된 세계관에 물들 수 있다는 이유로, 일반 수도사들의 출입은 철저히 금지되어 있었다. 오직 수도원장 다음으로 직책이 높은 장서관 수석 사서만이 자유롭게 드나들며 수도사들이 요청하는 책을 가져다주었다. 혹시라도 누군가가 몰래 들어가는 것을 막기 위해 장서관은 외부에 공개되지 않은 복잡한 설계도에 따라 지어졌고, 오직 사서들만이 전임자들로부터 이 미로 같은 구조를 전수받았다.

장서관 아래에는 수도사들이 서책에 그려 넣는 삽화나 번역 작업을 하는 '문서 사자실'이 있었다. 그런데 어느 겨울날 이곳에서 삽화가 아델모와 번역가 베난티오가 잇따라 시제로 말선되며 수도원이 발칵 뒤집힌다. 마침 곧 열릴 회담을 앞두고 수도원을 찾은 박식한 수도사 윌리엄과 그의 조수 아드소가 사건의 조사관으로 임명된다. 윌리엄은 한때 교황의 권위에 도전하는 이단을 색출하고 심문하는 '이단 심판관'으로 전국을 누볐지만, 정통 신앙이든 이단이든 자신의 신념에 과몰입하는 모습은 다를 바 없다는 사실에 회의를 느끼고 심판관을 그만둔 적이 있었다. 이후 자신의 신념에 지나치게 빠지지 않기 위해 바깥의 자연과학 세계를 열린 눈으로 탐구하는 데 더 많은 시간을 보냈다.

조사를 시작한 윌리엄은 곧 죽은 두 수도사의 공통점을 발견한다. 삽화가 아델모는 죽기 전에 성서의 시편을 우스꽝스러운 우화 형식으로 작업하고 있었으며, 번역가 베난티오 또한 그리스어 우화집을 번역하는 중이었다. 두 사람 모두 웃음이 엄격히 금지된 수도원에서 웃음을 유발하는 작업에 손을 댄 것이다. 윌리엄은 수도원의 최고령 맹인 수도사 호르헤가 이들의 우화 작업을 강력하게 비난했다는 사실에 주목한다. 그는 웃고 장난치는 인간적인 행위는 하느님의 세계를 모독하는 이단 행위이니 웃음을 유발하는 모든 작업은 금지되어야 한다고 경고했다.

윌리엄은 문서 사자실에 자주 드나들던 다른 수도사들을 심문하던 중에 죽은 아델모가 장서관의 비밀을 캐내기 위해 최근 보조 사서 베렝가리오와 부적절한 관계를 맺었고, 그 일로 죄책감에 시달리다 자살했다는 사실을 알게 된다. 아델모는 죽기 직전에 자기처럼 호기심이 많은 번역가 베난티오에게 장서관의 비밀을 털어놓았고, 이 비밀을 알게 된 베난티오 역시 싸늘한 시체로 변한 것이다.

## 장서관의
## 미로 속으로

월리엄은 수도사들의 죽음과 관련이 있을 '장서관의 비밀'을 캐 보기로 결심한다. 그는 과거 보조 사서였던 노수도사의 도움을 받아 장서관으로 통하는 비밀 입구를 알아내고, 그날 밤 조수 아드소와 함께 장서관의 미로 속으로 들어간다.

처음 마주한 곳은 창 하나 없는 7면체의 방이었고, 각각의 벽에 난 문을 열면 또 다른 방으로 끝없이 이어지는 미로 같은 구조가 펼쳐진다. 어떤 방에는 자신의 모습을 거대한 유령으로 착각하게 만드는 대형 거울이 설치되어 있었고, 어떤 방에서는 정신을 잃고 환각 상태에 빠지게 하는 약초가 피워져 있었다. 누군가가 몰래 장서관에 들어와도 공포와 환각 때문에 혼비백산하도록 설계되어 있었던 것이다. 월리엄은 지식을 전파해야 할 장서관이 오히려 지식을 감추기 위해 이런 교묘한 속임 장치를 두고 있다는 사실에 혀를 찬다. 장서관은 지식을 독점하고 새로운 질서와 진리를 가로막는 중세 권위주의의 상징 그 자체였다.

월리엄과 아드소는 처음 보는 문과 이미 지나친 적이 있는 문에 서로 다른 기호를 표시하는 기지를 발휘해 미궁 같은 장서관을 겨우 빠져나온다. 그들은 장서관이 깊숙이 감추어 둔 비밀의 정체가 무엇일지 더욱 궁금해진다.

## 죽음을 부르는 서책

며칠 뒤, 죽은 아델모에게 장서관의 비밀을 알려 주었던 보조 사서 베렝가리오가 욕조 안에서 익사체로 발견된다. 시신의 가운뎃손가락과 혀는 까맣게 변색되어 있었다. 베렝가리오는 죽기 바로 전에 약초사 세베리노의 시약소에 그리스어로 쓰인 서책 한 권을 맡겨 놓았는데, 서책을 보관하고 있던 세베리노 역시 시약소 안에서 머리를 얻어맞은 시체로 발견된다. 뒤이어 서책을 장서관으로 회수해 간 수석 사서 말라키아도 합창 시간에 갑자기 쓰러져 숨을 거둔다. 그의 손가락 세 개와 혀 또한 까맣게 변해 있었다.

윌리엄은 이 세 사람의 죽음을 관통하는 공통점이 바로 '그리스어로 쓰인 서책 한 권'이라는 사실에 주목한다. 그 책은 번역가 베난티오가 죽은 직후 그의 작업대 위에 놓여 있었던 것이다. 그런데 윌리엄이 조사를 시작하기도 전에 누군가가 흔적도 없이 치워 버려, 현재는 행방조차 알 수 없는 상태였다. 윌리엄은 이 서책이 바로 저 미로 같은 장서관이 품고 있는 가장 큰 비밀일 거라고 직감한다.

이 와중에 수도원에서는 예정된 회담이 열리는데, 당시 첨예하게 대립하던 교황파와 황제파 수도사들의 회담이었다. 그들은 잇따른 살인 사건은 아랑곳하지 않은 채 각기 다른 신념을 가진 서로를 이단으로 몰아붙이며 추상적인 이단 설전만 벌인다. 심지어 무고한 수도사들을 살인 사건의 범인이자 이단으로 몰아 고문하고 처형하기까지 한다. 작가는 이 장면을 통해 진실은 외면한 채 자신과 다른 신념을 이단으로 낙인찍기 바쁜 중세 종교인들의 독단과 위선을 비판한다.

## 어리석은 신념의 종말

윌리엄과 아드소는 죽은 번역가 베난티오가 남긴 암호를 해독한 끝에, 문제의 서책이 장서관의 가장 깊은 구역인 '아프리카의 끝'이라는 밀실에 숨겨져 있다는 사실을 알아낸다. 그곳으로 향한 두 사람은 희미한 등잔 불빛 아래 앉아 있는 맹인 수도사 호르헤와 마주친다. 윌리엄은 장서관의 전직 사서들 이력을 조사하던 중에 호르헤가 수십 년 전 수석 사서였다는 사실을 이미 파악하고 있었다. 호르헤는 눈이 멀어 가면서 더는 장서관을 직접 다스릴 수 없게 되자, 마음대로 부릴 수 있는 멍청한 꼭두각시 사서들을 앞세워 여전히 뒤에서 장서관의 주인 노릇을 했다. 그는 자신이 '신성한 하느님의 나라를 지키는 지식의 검열자'라는 맹목적인 믿음을 갖고 있었다. 그래서 새로운 서책이 유입되는 것을 철저히 막고, 이 단적인 서책은 꽁꽁 감추어 수도원에 아무런 변화도 일어나지 않게 하는 데 사활을 걸었다. 그가 맹인으로 설정된 것도 눈앞의 변화를 보지 못하고 자신만의 맹목적인 신념에 갇힌 인물이기 때문이다.

최근 그의 신경을 곤두서게 만든 것은 아리스토텔레스의 《시학》 제2권이었다. 사실 이것은 실제로는 존재하지 않는 가상의 책이며, 그리스인이 즐기던 비극의 기능과 역할을 다룬 《시학》 제1권만이 실제로 존재한다. 그런데 아리스토텔레스가 《시학》 제1권에서 "희극에 대해서도 나중에 말해 보기로 하자"라는 말을 남긴 덕분에 후대 학자들 사이에서는 제2권의 존재 가능성이 꾸준히 제기되어 왔다. 에코가 이 가상의 책을 소설 속에 실재하는 것으로 등장시킨 것이다. 작가 아리스토텔레스가 자연과학을 중시했다는 점에서, 그리고 그 내용이 엄격한 신 중심의 세계관과 충돌하는 '인간적인 웃음'을 다룬다는 점에서 이 책은 중세의 종말과 인간 중심 시대의 도래를 알리는 상징으로 기능하고 있다.

바로 이러한 상징성 때문에 호르헤가 이 책을 하느님의 세계를 위협하는 이단으로 규정하고 오랫동안 장서관 가장 깊숙한 밀실에 감춰 두었던 것이다. 그런데 최근 새로운 지식을 갈망하는 수도사들 사이에 이 책의 존재가 알려지자, 그는 측근을

시켜 책장에 치명적인 독을 묻혀 둔다. 그리고 책을 손에 넣은 수도사들이 손가락에 침을 묻혀 가며 책장을 넘기다 독에 중독되어 죽게 만든 것이다. 죽은 수도사들의 손가락과 혀가 까맣게 변해 있었던 것은 바로 이 때문이었다.

호르헤는 이미 사건의 진실을 파악한 윌리엄의 눈앞에서 독이 묻은 서책의 책장을 찢어 삼키며 책을 완전히 파기하려 한다. 이를 막으려는 윌리엄과 실랑이를 벌이던 중 등잔불이 넘어지고, 양피지에 옮겨붙은 불길은 순식간에 번져 장서관을, 그리고 수도원 전체를 집어삼키기 시작한다. 서책과 호르헤는 그 불길 속에서 영원히 사라지고 만다.

소설의 마지막, 간신히 장서관의 불길을 빠져나온 윌리엄이 아드소에게 이렇게 말한다.

> "가짜 그리스도는 하느님이나 진리에 대한 지나친 믿음과 사랑에서 나올 수도 있는 것이다. … 진리에 대한 지나친 집착에서 우리 자신을 해방시키는 일, 이것이야말로 우리가 좇아야 할 궁극적인 진리가 아니겠느냐?"

아드소가 윌리엄의 질서 정연한 추론 덕에 이 복잡한 사건을 해결할 수 있었다고 말하자, 윌리엄이 조용히 대답한다.

> "우리가 상상하는 질서란 그물 아니면 사다리와 같은 것이다. 목적을 지닌 질서지. 그러나 고기를 잡으면 그물을 버리고, 높은 데 이르면 사다리를 버려야 한다."

◆

이 말 속에 이 작품의 주제가 고스란히 담겨 있다. 우리가 맹목적으로 지켜야 할 영원한 질서나 고정된 진리는 존재하지 않는다. 질서와 진리는 시대와 상황에 따라 언제든 바뀔 수 있는 상대적이고 불완전한 것이다. 중세 신 중심의 절대주의가 근대 인간 중심의 사고 앞에서 힘을 잃었던 것처럼. 우리는 세상의 변화 앞에서 언제든 지금 우리가 진리라고 믿는 것들을 버릴 준비가 되어 있어야 한다. 그래야만 그 시대가 요구하는 더 높은 지향점을 향해 갈 수 있다. 그래서 어쩌면 내 머릿속을 꽉 채운 변치 않는 신념보다 눈앞에 피어난 장미 한 송이의 변화에 더 집중해야 하는지도 모른다. 진리는 '내 머릿속 신념'이 아닌, '내 눈앞의 변화'에 있으니.

14

열정은 언젠가
식는다는 사실을 모르는
당신에게

안나 카레니나
레프 톨스토이

## 열정의 사랑

**브론스키**
안나가 유부녀라는
사실을 알고도 열정적으로
사랑에 빠지는
백작 출신의 군 장교

**안나 카레니나**
고위 관료의 아내였으나
브론스키와 사랑에 빠져
비극적인 운명에 이르는 인물

**VS**

## 헌신과 신뢰의 사랑

**레빈**
시골 지주.
아내 키티와 안정된
결혼 생활을
하기 위해 헌신하는 인물

**키티**
안나의 사돈처녀.
브론스키를 짝사랑했으나
레빈과 결혼하며
안정된 삶을 선택한 인물

행복한 가정은 모두 모습이 비슷하고,
불행한 가정은 모두 제각각의 불행을 안고 있다.

《안나 카레니나》(1878)는 사랑과 결혼의 탄생부터 사멸에 이르는 과정을 적나라하게 그려 낸 고전으로, 세계적인 대문호 레프 톨스토이가 40대 후반에 5년에 걸쳐 집필한 역작이다. 제정 러시아 시대에 백작 가문의 아들로 태어난 톨스토이(1828-1910)는 젊은 시절 술과 도박, 여성 편력에 빠져 방탕하게 살다가 30대에 러시아와 오스만 제국(튀르키예) 간에 벌어진 크림전쟁에 참전하며 인생의 전환점을 맞는다. 부의미틴 살상이 난무하는 전쟁터에서 인간 존재의 근원에 대한 의문을 느끼고, 함께 생활하던 농민 병사들의 단순하고 성실한 삶에서 영감을 받아 쾌락을 벗어난 영적이고 자연주의적인 삶을 추구하게 된다. 전역한 뒤에는 대지주의 신분임에도 시골에서 직접 땅을 갈아 농사를 지었고, 말년에는 농부들을 위해 자신의 재산과 저작권까지 환원하려 했다. 삶을 즐기는 쾌락주의자와 청빈한 자연주의자의 면모를 동시에 지닌 톨스토이는 《안나 카레니나》 외에 《전쟁과 평화》, 《부활》 등 여러 작품에서 다양한 개성을 가진 입체적인 인물을 탄생시켰다.

《안나 카레니나》에는 각기 다른 개성을 지닌 두 커플이 등장하는데, 이들은 서로 다른 사랑의 본질을 대변한다. 화려한 사교계를 누비는 유부녀 안나 카레니나와 브론스키 백작은 첫눈에 열정적인 사랑에 빠져들며 기존의 도덕과 사회 규범을 과감히 벗어던진다. 하지만 '열정에만 기반한 사랑'이 변덕스러운 인간에게서 얼마나 쉽게 사그라들 수 있는지 보여 준다. 반면에 시골 대지주인 레빈과 키티는 전통적인 가족 중심의 규범 안에서 '헌신과 신뢰의 사랑'을 보여 준다. 이들은 열정보다는 신뢰를 중시하고, 서로의 개성과 차이를 인내심을 가지고 끌어안으며, 무심하지만 꾸준히 자라나는 한 그루 나무 같은 사랑을 키워 간다.

톨스토이는 "원수 갚는 것은 내가 할 일이니, 내가 갚겠다"(로마서 12:19)라는 성경 구절로 작품을 시작한다. 변덕스럽고 자기 합리화에 급급한 인간에게 영원한 열정과 사랑을 기대하기 어려우니, 원수가 되어 서로를 심판하거나 벌하지 말고 신의 영역에 맡기라는 메시지다.

이 사랑과 배신의 대서사시는 19세기 러시아 모스크바에서 시작된다.

**위험한 불꽃**

안나 카레니나는 페테르부르크 고위 관료의 아내이자 한 아들의 어머니로 살아가고 있었다. 그녀는 냉전 중인 오빠 부부를 화해시키기 위해 모스크바를 방문했다가 기차역에서 군 장교 브론스키 백작을 마주치며 강렬한 끌림을 느낀다. 며칠 뒤, 한 무도회에서 다시 만난 두 사람은 서로 완전히 홀린 듯한 눈길을 주고받으며 춤을 춘다. 사실 브론스키는 안나의 사돈처녀인 키티와 교제하던 사이였고, 키티는 이 무도회에서 그의 청혼을 받을 거라는 기대에 부풀어 있었다. 키티는 브론스키 때문에 시골 대지주 레빈의 청혼도 거절한 참이었는데, 브론스키가 유부녀인 안나에게 푹 빠진 모습을 보고 충격을 받아 무도회장을 떠나 버린다.

브론스키와 마주친 순간부터 피어오른 위험한 불꽃을 감지한 안나는 오빠 부부를 화해시킨 뒤 서둘러 집으로 가는 페데르부르크행 기차에 오른다. 그런데 기차가 중간에 세찬 눈보라를 만나 정차하고, 뜨거운 마음을 식히러 객차 밖으로 나온 그녀는 뜻밖에도 브론스키와 마주친다. 그는 그녀를 따라 페테르부르크행 기차에 올랐다고 열렬히 고백한다. 그 순간 무

시무시한 눈보라가 세상 그 어떤 풍경보다 아름답게 보였지만, 그녀는 못 들은 것으로 하겠다며 서둘러 객차 안으로 들어가 버린다. 하지만 객차 안에서 그 어느 때보다 강렬한 기쁨과 흥분에 휩싸인다.

**'숨 쉴 틈 없는
결혼'의 균열**

안나의 남편 카레닌은 모든 일상이 분 단위로 계획된 엄격한 남자였고, 안나를 마음으로 사랑하기보다는 통제하고 관리해야 할 대상으로 바라보았다. 안나는 이런 숨 막히는 남편을 피해 페테르부르크의 사교계에 드나들며, 자신에게 열렬히 구애하는 브론스키와 더욱 가까워진다. 사교계 사람들은 안나가 모스크바에서 온 브론스키라는 그림자를 달고 다닌다며 수군대기 시작한다.

소문을 들은 카레닌은 어느 날 안나에게, 두 사람이 함께 있는 모습이 사람들의 입에 오르내리고 있으니 조심하라고 경고한다. 부부의 삶은 하느님 앞에서 결합된 언약이며, 이 결합을 파괴하는 것은 벌 받아 마땅한 죄악이라고도 덧붙인다.

하지만 안나는 자신은 브론스키를 만나야만 숨을 쉴 수 있고, 숨을 쉬는 건 죄가 될 수 없다고 생각한다. 카레닌의 경고를 듣고도 브론스키와 밀회를 이어 가던 안나는 결국 그의 아이까지 임신한다.

## 모든 것을 내던지는
## 사랑의 도피

카레닌은 아내의 불륜을 알았지만 배신당한 자신의 처지를 인정하는 것이 두려웠고, 고위 관료로서의 사회적 체면도 신경 쓰여 애써 태연한 척 외면하고 있었다. 안나는 이런 남편의 태도에 더 깊은 환멸을 느낀다. 차라리 질투에 눈이 멀어 자신이나 브론스키를 죽이려 든다면 존경이라도 할 텐데, 그에게 필요한 것은 오직 사회적 체면을 유지할 거짓과 위선뿐이라고 생각한다.

그러던 어느 날 경마 대회에 출전한 브론스키가 말에서 떨어지는 사고를 당하고, 관중석에 있던 안나는 주변 사람들의 시선도 잊은 채 비명을 지르며 그를 걱정한다. 카레닌은 그런 안나를 억지로 마차에 태워 집으로 끌고 간다. 이에 격분한 안나는 자신은 브론스키를 사랑하며, 위선투성이인 당신을 더는 견딜 수 없다고 소리친다. 카레닌은 아내의 노골적인 고백을 듣고도 그녀가 자신을 버리고 브론스키와 행복해지는 것을 두고 볼 수 없었다. 그래서 브론스키와 헤어지고 결혼 생활을 그대로 유지하는 벌을 내린다. 계속 브론스키를 만나면 사랑하는 아들을 다시는 보지 못하게 하겠다고 협박하며, 그녀의 부정을 단죄하려 든다. 결국 안나는 아들에 대한 사랑 때문에 어쩔 수 없이 형벌 같은 결혼 생활을 이어 간다. 하지만 고통이 커질수록 숨통 같은 브론스키와의 사랑을 끊기 어려웠던 안나는 점점 더 그에게 집착한다. 브론스키는 평정심을 잃어 가는 그녀의 집착이 버거워 한발 물러서려 한다.

그런 가운데 안나의 출산일이 다가오고, 브론스키의 딸을 낳던 그녀는 죽음의 문턱까지 갔다가 간신히 살아난다. 하마터면 안나를 영원히 잃을 뻔했던 브론스키는 그녀에게 다시 강렬한 사랑을 느끼고, 마침내 가족과 군 생활, 사회적 명예를 모두 내려놓고 안나와 함께 외국으로 도망가기로 결심한다.

## 사랑의 두 얼굴 _
## 열정과 인내

브론스키와 안나는 그토록 바라던 둘만의 시간을 가지며 유럽 곳곳을 여행하고, 브론스키 가문의 호화로운 시골 영지에 정착한다. 안나는 이제 브론스키를 완전히 소유하게 되었다는 사실에 끝없는 기쁨을 느낀다. 브론스키도 처음 얼마 동안은 사랑과 자유가 주는 기쁨에 취하지만, 모든 사회 활동이 사라진 뒤에 남은 공허한 시간들을 어떻게 메꿔 나가야 할지 난감해하기 시작한다. 특히 그가 잠시라도 혼자 시간을 보내려고 하면 안나가 병적으로 우울한 모습을 보여, 외부 모임에도 자유롭게 나가지 못한 채 때로는 공부에, 때로는 그림에 손을 대며 공허함을 달랜다.

한편 안나에게 브론스키를 빼앗긴 키티는 과거 자신에게 청혼했다 거절당한 시골 지주 레빈을 우연히 다시 만나고, 늦게나마 서로의 진심을 확인한 뒤 결혼에 성공한다. 레빈은 지주 신분임에도 직접 씨를 뿌리고 풀을 베며 소작농들과 함께 농사를 지었다. 그는 농사지을 때 중요한 것은 최신 농기구나 고품질의 씨앗이 아니라 오랫동안 땅과 밀착해서 살아온 농부들의 고유한 삶의 방식과 개성을 존중하는 일이라는 사실을 깨닫는다. 이러한 깨달음은 가정생활에도 이어진다. 그는 결혼 직후 사랑스럽기만 할 줄 알았던 아내가 사소한 일에도 예민하게 반응하는 모습을 보고 실망하지만, 곧 아내의 개성과 감정을 받아들이고 존중해야 가정생활이 평탄해진다는 것을 알게 된다. 특히 아내가 자신을 부당하게 비난할 때, 방어할수록 불화가 깊어진다는 사실을 발견하고 말없이 온몸으로 비난을 감수하는 일에도 점차 익숙해진다. 이런 레빈의 노력 덕분에 두 사람은 점점 안정된 결혼 생활을 꾸려 가고, 그는 결혼 생활의 현실에 대해 생각한다.

> 일단 가정생활에 발을 들여놓자, 그는 걸음걸음마다 그 행복이 그가 상상하던 것과 전혀 다르다는 것을 깨닫게 되었다. 걸음걸음마다 그는 호수 위를 행복하게 떠다니는 보트를 황홀한 눈으로 바라보던 사람이 그 보트에 몸소 앉았을 때 느꼈음 직한 것을 경험했다. 그는 흔들리지 않고 반듯하게 앉아 있는 것만으로는 부족하다는 것을 깨달았다. 어디로 흘러가는지 한시도 잊지 말고, 발아래 물이 있다는 점, 노를 저어야 한다는 점, 익숙하지 않은 손으로 하면 아프다는 점, 보고만 있을 때는 쉬울 것 같지만 직접 해 보면 무척 즐겁기는 해도 굉장히 힘들다는 점까지 염두에 두어야 했던 것이다.

## 사랑의 소멸과 집착

　　　　　오랜만에 브론스키와 함께 페테르부르크를 방문한 안나는 몰래 옛집을 찾아가 그토록 보고 싶던 아들과 재회한다. 하지만 그 짧은 만남도 카레닌에게 들켜, 도망치듯 아들 곁을 떠나와야 했다. 사랑하는 아들조차 당당히 만날 수 없다는 사실에 극심한 자괴감을 느낀 안나는 브론스키가 반대하는데도 잔뜩 치장한 채 사교계 공연장으로 향한다. 여전히 아름답고 건재한 자신의 모습을 세상에 보여 줌으로써 '아들을 잃은 엄마'의 자존감을 회복하고 싶었던 것이다.

　하지만 현실은 냉혹했다. 불륜녀로 낙인찍힌 안나는 사교계 사람들의 경멸에 가까운 눈총을 받았으며, 옆자리 귀부인에게서 "당신 옆에 앉는 게 수치스럽다"는 모욕까지 받고 서둘러 공연장을 빠져나와야 했다.

　안나는 이 사건 이후 자신이 브론스키와 함께하는 세상 밖으로는 단 한 발자국도 걸어 나갈 수 없는 고립된 상태라는 사실을 절감한다. 그녀는 이제 자신의 전부인 브론스키의 사랑이 식어 버릴까 봐 극심한 불안감에 시달리고, 밤마다 모르핀으로 그 두려움을 잠재운다.

　그러던 어느 날, 안나에게 매인 삶에 숨이 막힌 브론스키는 정치 모임에 다녀오겠다며 다른 지방으로 훌쩍 떠나고, 간만에 남자들만의 세계에서 자유와 활기를 느끼자 집에 돌아가는 일을 차일피일 미룬다. 그러다 빨리 돌아오라는 안나의 애타는 편지를 받는 순간, 그녀의 사랑이 자신을 옭아매는 음울한 굴레가 되어 가고 있음을 깨닫는다.

## "하느님, 나의 모든 것을 용서하소서"

점차 시들해지는 브론스키의 모습에 불안해진 안나는 걸핏하면 그에게 시비를 걸고, 이에 질린 브론스키는 어느 날 그녀에게 눈길 한번 주지 않고 어머니 집으로 떠나 버린다. 안나는 브론스키를 붙잡기 위해 마차를 타고 기차역으로 향한다. 스치듯 지나가는 거리 풍경을 바라보며 자신의 사랑은 더욱 열정적으로 타오르는데 브론스키의 사랑은 점점 꺼져 가니, 이 때문에 자신들의 사랑이 자꾸 어긋나는 것이라고 생각한다. 이 식어 가는 사랑과 열정을 구원이라고 믿기 위해 자신이 그동안 스스로를 얼마나 속여 왔는지도 깨닫는다.

기차역에 내린 안나는 멍하니 플랫폼으로 들어오는 화물 열차를 바라본다. 그러다 문득 자신에게서 멀어져 가는 브론스키에게 벌을 주고, 헛된 사랑과 열정에 모든 것을 내던진 자신으로부터 벗어나기 위해서는 죽음밖에 답이 없다고 생각한다. 그녀는 "하느님, 나의 모든 것을 용서하소서"라는 마지막 중얼

거림과 함께 다가오는 기차 바퀴 아래 몸을 던진다. 소설은 여기서 막을 내린다.

◆

안나와 브론스키는 기차역에서 처음 만나 사랑을 시작했고, 안나의 죽음으로 그 사랑은 기차역에서 끝이 났다. 저 멀리 자기들만의 사랑의 세계로 도피하고자 했지만 끝내 제자리를 맴돌다 끝나 버린 그들의 사랑은 '변덕스러운 열정만으로 지속되는 사랑'은 더 나아갈 미래가 없다는 것을 보여 주는 듯하다. 사랑과 결혼에 있어 영원히 지속되는 열정도 없고, 영원히 안주할 행복도 없다. 불같은 열정이 식은 자리에서 상대를 어떤 마음으로 바라보아야 할지, 이것이야말로 우리가 평생 풀어야 할 사랑에 대한 어렵고도 해묵은 과제일 것이다.

## 15

쉽게 상처받으며
타인이 두려운
당신에게

**인간 실격**
다자이 오사무

❖ 등장인물

**요조의 아버지**
사회적 권위와 체면을 중시하며 요조의 상처를 외면함

**쓰네코**
요조와 동반 자살을 시도한, 상처 속에서 잠시나마 공감을 나누던 카페 종업원

**요시코**
요조의 부인. 요조가 태어나서 처음 신뢰한 여인이지만, 곧 요조에게 버림받음

**요조**
금수저로 태어났지만 세상 사람들에게 이해받지 못하고 고독에 시달리는 인물

**시즈코**
요조가 생계 걱정 없이 만화가 생활을 할 수 있도록 도와준 미망인 연인

**호리키**
요조의 친구. 요조를 제멋대로 판단하며 파멸로 이끔

---

### 진정한 이해와 소통이 사라진 사회에서 느끼는 인간의 고독

"진정한 이해와 소통만이 우리를 인간답게 살게 해 줄 수 있다."

"부끄러운 생애를 살아왔습니다.
내게는 인간의 생활이라는 것이 도무지 이해되지 않습니다."

타인과 소통하는 데 어려움을 겪는 주인공이 등장하는 《인간 실격》은 타인에 대한 불신과 경계심이 짙은 개인주의 시대에 많은 이들의 공감을 얻는 작품이다. 주인공 요조의 삶은 작가 다자이 오사무(1909-1948)의 삶과도 깊이 맞닿아 있다.

다자이 오사무는 일본 아오모리현의 유복한 대지주 집안에서 태어나 학창 시절 내내 우수한 성적을 보이며 일본 최고 명문인 도쿄제국대학 불문과에 입학한다. 그러나 병약한 어머니의 무관심, 아버지의 이른 죽음, 친한 친구의 자살 등이 깊은 정서적 결핍과 고립감을 안겨 주어 고등학교 시절부터 화류계에 빠져 방황하기 시작한다. 당시 사회적으로 금기시하던 공산주의 운동에도 심취했는데, 이때 '대지주 가문 출신'이라는 자신의 배경에 대한 혐오감을 키운다. 가면성 우울증을 앓던 그는 약물 중독, 정신병원 감금, 계속되는 불륜, 내연녀들과 벌인 다섯 차례의 자살 시도 등 끊임없이 자기 파괴적인 삶을 이어 갔다. 그 와중에도 퇴폐적이고 허무주의적인 개인의 내면을 정면으로 조명한 '일본식 데카당스 문학'을 이끌며, 패전 이후 공허와 상실감에 빠진 일본 독자들의 뜨거운 지지를 받았다. 하지만 작가 자신도 끝내 이 허무주의의 늪에서 벗어나지 못하고, 서른여덟의 젊은 나이에 연인과 동반 자살하면서 생을 마감한다.

생의 마지막 해에 발표한 《인간 실격》(1948)은 그의 파란만장한 삶을 반추하는 자전적 소설이기도 하다. 이 작품은 거짓과 기만을 일삼는 사람들에게 질려 대인공포증과 가면성 우울증에 시달리다 끝내 '인간 실격'이라는 사회적 낙인 속에 정신병원에 감금되는 한 남자의 일대기를 그리고 있다. 작가는 이 작품을 통해 진정한 이해와 소통이 사라진 사회에서 인간이 얼마나 깊은 고독에 빠질 수 있는지를 생생히 보여 준다. 그리고 역설적으로 바로 그런 진정한 이해와 소통만이 우리를 인간답게 살게 해 주는 유일한 희망임을 강조한다.

끝내 이해와 소통을 통해 구원받지 못한 요조의 이야기는 1900년대 초반의 일본에서 시작된다.

## 광대 가면 뒤에 숨은 아이

요조는 시골 부잣집에서 눈에 띄게 잘생긴 외모로 태어난 덕에 사람들에게 '행운아'로 불렸다. 하지만 그의 대가족은 으스스한 정적 속에 소통을 모른 채 살았고, 요조는 그속에서 늘 외로움과 고립감에 시달린다. 어린 시절 하인과 식모에게 강간을 당하기도 하지만, 냉랭한 부모님이 자기편이 되어 줄 거라는 믿음조차 없어서 이 사실을 끝내 숨겨야 했다. 또 정치 활동을 하는 아버지를 두고 사람들이 앞에서는 칭송하면서 뒤에서는 험담을 늘어놓는 모습을 보고, 인간에 대한 불신과 공포심이 커진다. 진정성 없는 관계와 소통의 부재로 이른 나이부터 대인공포증이 시작된 것이다.

그는 사람들과 함께 있을 때 느껴지는 극심한 공포를 견디기 위해 우스운 행동으로 사람들을 웃기는, 이른바 '서비스'를 제공하기 시작한다. 한여름에도 빨간 스웨터를 입고 다니거나 음익에 맞추어 엉터리 인디언 춤을 추는 식이었다. 이렇게 하면 사람들에게 단 한마디의 본심도 털어놓을 필요가 없있기 때문이다. 잘 알지 못하는 존재는 결국 두려움과 회피의 대상인데, 요조에게는 이제 인간이 그런 두려움과 회피의 대상이 되어 버렸다. 우스꽝스러운 광대 가면 뒤에 숨어든 그는 이렇게 고백한다.

'내겐 서로 속이면서도 결백하고 명랑하게 살고 있는, 또는 그렇게 살 수 있다고 자신하는 듯 보이는 인간들 자체가 풀리지 않는 수수께끼입니다. 사람들은 끝내 내게 수수께끼를 푸는 묘책을 가르쳐 주지 않았습니다. 그 방법만 알았더라면, 난 인간들을 이렇게 두려워하고 또 필사적인 '서비스'를 하는 일 없이도 살 수 있었겠죠.'

## '비합법의 세계'로의 도피

고등학생이 된 요조는 고향을 떠나 도쿄로 상경하고, 자신보다 여섯 살 많은 자유분방하고 방탕한 청년 호리키를 만나 어울린다. 요조는 그의 영향으로 아직 고등학생 신분임에도 술과 담배, 매춘부와 좌익 사상 같은 비합법의 세계에 발을 들인다. 자신이 그토록 불신하는 사람들이 만든 위선 가득한 '합법의 세계'에 질려 있던 요조에게 이 세계는 오히려 가식 없고 편안하게 다가왔다.

그러던 어느 날 요조는 자기처럼 세상과 소통하는 일을 힘겨워하는 카페 종업원 쓰네코를 만나고, 그녀와 함께 근처 바닷가에서 동반 자살을 시도한다. 그런데 쓰네코만 바다에 빠져 목숨을 잃고, 요조는 구조되어 홀로 살아남는다. 신문 사회면을 떠들썩하게 장식한 이 사건으로 요조는 학교에서 퇴학당하

고, 자살방조죄로 기소유예 처분을 받는다. 고향의 가족들은 이 충격적인 소식을 접한 뒤 요조와의 연락을 뚝 끊어 버린다. 아버지는 요조의 하숙집 주인에게 매달 극히 적은 생활비만 보내 줄 뿐 아들과는 어떤 대화도 나누려 하지 않았다. 어린 나이에 삶을 등지려 했던 요조의 방황하는 마음을 가족 누구도 진심으로 이해하거나 어루만져 주려 하지 않았다. 요조를 사회로부터 더욱 고립시킨 것은 이렇게 자신들의 이해 범위 바깥에 있는 그를 철저히 무시하고 외면해 버린 사람들이었다.

**세상의 잣대인가,
개인의 주관인가?**

요조의 하숙집 주인과 친구 호리키는 퇴학당한 후 빈둥거리는 요조에게 새로운 미래를 계획하라느니, 어리석게 행동하지 말라느니 훈계를 늘어놓기 시작한다. 요조는 별로 크게 성공한 것 같지도 않은 사람들이 자신을 너무 쉽게 낙오자 취급하는 모습에서 또 한 번 세상의 위선을 절감한다.

그러던 어느 날, 만화가 일을 시작한 호리키의 집에서 남편과 사별하고 홀로 딸을 키우는 잡지사 기자 시즈코를 만난다. 그녀는 수려한 외모로 여자들을 쉽게 홀리는 요조에게 빠져들고, 요조는 곧 그녀의 아파트에 기둥서방처럼 얹혀산다. 시즈코의 도움으로 잡지 만화가가 되어 돈도 벌게 된 요조는 때때로 고향집을 떠올리며 사무치는 외로움에 눈물을 쏟는다. 대인공포증과 외로움에 시달리면서도 마음 한편으로는 고향의 가족들이 자신을 구원해 주기를 절실히 기다렸던 것이다.

요조의 일감이 차차 쌓여 가자, 호리키는 자기보다 잘나가기 시작한 그에게 질투를 느낀다. 그래서 어느 날 요조에게 때아닌 훈수를 둔다. 여자에게 빌붙는 처세술에만 의존하다가는 세상에서 매장당할 수 있다고. 요조는 인간을 두려워하는 자신의 진짜 모습은 알지 못한 채 여자를 후리는 처세술에만 능하다고 생각하는 호리키가 어이없을 뿐이었다. 그러면서 호리키가 말하는 '세상에서 매장당할 수 있다'는 말 속의 '세상'은 결국 호리키 자신을 가리킬지도 모른다고 생각한다. 자신이 못마땅해하는 것을 세상 전체가 못마땅해한다고 믿는 그의 위선적인 투사를 눈치챈 것이다. 그 순간 요조는 남들이 들이대는 '세상의 잣대'란 굳건하게 실재하는 절대불변의 잣대가 아니라, 각자가 제멋대로 만들어 낸 주관적 기준에 불과하다는 사실을 깨닫는다. 그는 남들이 강요하는 실체 없는 주관적 잣대에 더는 휘둘리지 않고 자유롭게 살아가기로 결심한다.

> '세상, 나도 이제 어렴풋이 이해하게 된 것 같은 기분이 들었습니다. 개인과 개인의 싸움에서 이기면 되는 것이며, 인간에겐 '한판 승부'에서 승리하는 것 외에는 생존해 나갈 길이 없고, 대의명분 따위를 내걸고 이루고자 노력한 목표는 반드시 개인으로 귀결되므로 세상의 불가사의는 개인의 불가사의고, 대양은 세상이 아니라 개인을 말하는 것이라는 관념을 갖고 나니 난 세상이라는 큰 바다의 환영을 두려워하는 버릇에서 약간은 해방되었습니다. 그리고 눈앞에 닥친 필요에 따라 어느 정도는 뻔뻔스럽게 행동하는 법을 익혔습니다.'

이후 요조는 자신을 정성껏 돌봐 주던 시즈코 모녀를 아무 미련 없이 떠날 때도, 또 다른 술집 마담의 기둥서방이 되었다가 그녀를 배신하고 순진한 담배 가게 처녀 요시코와 결혼할 때도 아무런 양심의 가책을 느끼지 않는다. 인간관계에서 더는 사람들이 강요하는 '도덕적 잣대'에 휘둘리지 않기로 결심한 뒤였기 때문이다.

## 인간 실격,
## 그리고 잃어버린 구원

요조는 세상 사람들과 달리 자신을 온전히 믿어 주는 순수한 요시코를 보며 태어나서 처음으로 '인간에 대한 신뢰'를 느낀다. 또한 그녀와의 결혼 생활을 통해 타인에 대한 두려움에서 벗어나 비로소 정서적인 안정을 경험한다.

그런데 어느 날, 요시코가 집 안에서 외간 남자에게 능욕당하는 모습을 목격한다. 그 순간 남을 순진하게 잘 믿는 요시코가 이미 여러 남자와 관계를 맺은 건 아닐지 의심이 싹트고, 요조는 그녀에게 제대로 항변할 기회도 주지 않은 채 곧바로 마음의 문을 닫아 버린다. 자신의 '이해받지 못하는 삶'에 그토록 괴로워하던 요조 역시 비정상적인 상황에 처한 타인을 이해하고 보듬으려고 노력하지 못한 것이다. 그는 자신이 그렇게 실망했던 세상 사람들의 모습을 그대로 닮아 있었다.

세상에서 유일하게 믿었던 존재에 대한 신뢰가 깨져 버린 순간, 요조는 다시 깊은 나락으로 떨어진다. 술에 빠져 살며 외설스러운 만화만 그리고, 수면제를 복용해 자살을 시도하고, 가까스로 목숨을 건진 뒤에는 모르핀에 중독되어 스스로를 더욱 파괴해 간다.

그러다 맨정신을 찾은 어느 날, 고향에 있는 아버지에게 자신의 지나온 삶 전부를 고백하는 장문의 편지를 써 보낸다. 아버지가 자신을 용서하고 보듬어 주면 어떻게든 다시 새로운 삶을 시작하고, 그렇지 않으면 믿을 사람 하나 없는 이 지옥 같은 삶을 스스로 마감하기로 결심한다. 아버지는 침묵으로 답하고, 며칠 뒤 아버지의 사주를 받은 호리키와 옛 하숙집 주인이 요조를 정신병원으로 끌고 간다. 요조의 절절한 구원 요청에 세상은 '정신병원 감금'으로 답한 것이다. 결국 인간 세계에서 완전히 낙오자로 낙인찍힌 이들이 모여 있는 정신병원에 갇힌 요조의 독백으로 이야기는 막을 내린다.

'인간, 실격. 이제, 난, 완전히, 인간이, 아니게 됐습니다.'

♦

우리에게도, 그리고 우리 주변 사람들에게도 타인을 불신하고 경계하며 한 번의 상처에도 쉽게 등을 돌리는 요조의 모습이 조금씩은 존재한다. 우리는 사소한 모르게 앞뒤가 다른 모습으로 타인에게 상처를 주고, 자기만의 잣대를 '세상의 잣대'인 양 타인에게 강요하는 사람들로 가득한 세계를 살아가고 있다. 그렇기에 우리에게는 서로의 거짓을 뛰어넘어 진심을 보려는 노력, 더 깊이 이해하고 소통하려는 노력이 필요하다.

그런 노력만이 불완전하고 거짓된 우리를 서로에게서 구원해 주는 길이라고, 끝내 구원받지 못했던 작가 다자이 오사무가 말한다.

## 16

약자들의 시선을
이해하고 싶은
당신에게

앵무새 죽이기
하퍼 리

❖ 등장인물

**소외된 약자의 세계**

**톰 로빈슨**
백인 여성을 강간했다는 누명을
쓰고 재판을 받는 흑인 남성

**부 래들리**
세상의 편견 속에 고립되어
살아가는 수수께끼 같은 이웃

{ 부조리에 맞서는
연대를 통한 성장 }

VS

**차별과 폭력을 정당화하는 주류 사회**

**백인 배심원단**
명백한 반증에도 불구하고
흑인에게 불리한 판결을
내리는 인종 차별적인 집단

**유얼 가족**
거짓 고발과 증오를
퍼뜨리는 백인 가족

**핀치 가족**

**애티커스 핀치**
법과 양심을 지키기 위해
톰 로빈슨을 변호하는 변호사

**스카웃 핀치/젬 핀치**
세상의 부조리를 목격하며
성장해 가는 애티커스의 자녀들

> "난 다른 사람들과 같이 살아가기 전에
> 나 자신과 같이 살아야만 해.
> 다수결에 따르지 않는 것이 한 가지 있다면,
> 그건 바로 한 인간의 양심이지."

## 작품의 시대적 배경

《앵무새 죽이기》가 출간된 1960년 당시 미국 남부 사회는 법과 일상 전반에 인종 차별이 깊게 뿌리내린 상태였다. '짐 크로 법 Jim Crow laws'이라 불리는 인종 분리 정책에 따라 남부 전역에서 흑인과 백인이 학교, 버스, 식당, 화장실 등 대부분의 공공시설을 철저히 분리해서 사용했고, 흑인 시설은 항상 열악한 수준에 머물렀다. 흑인은 사실상 투표권을 박탈당했고, 노동과 교육 기회에서도 극심한 차별을 받았다. 흑인을 대상으로 한 백인들의 집단 폭력도 일상적으로 이루어졌지만 법과 경찰이 이러한 폭력에 눈을 감거나 동조하기 일쑤여서, 흑인은 부당한 사회적 폭력 앞에서도 법의 보호조차 받지 못한 채 살아가야 했다.

♦

미국 역사상 최초의 흑인 대통령 버락 오바마는 퇴임 고별 연설에서 이렇게 말했다.

"'만약 민주주의가 점점 더 다양해지는 사람들 사이에서 올바로 작동하려면 항상 내가 아닌 다른 사람의 입장에서 생각해야 한다'라고 말한 미국 문학의 위대한 주인공 애티커스 핀치의 조언에 귀 기울여야 한다."

오바마가 언급한 애티커스 핀치는 1960년에 출간된 소설 《앵무새 죽이기》의 중심인물이다. 이 책은 미국 내에서 '성경 다음으로 영향력 있는 책'으로 꼽히며, 민주주의의 근간인 '부당한 차별에 맞서는 용기'를 그린 작품으로 사랑받아 왔다.

작가 하퍼 리(1926-2016)는 흑인 차별이 극심하던 미국 남부 앨라배마주의 작은 마을에서 태어나, 그녀가 '인간애와 법에 대한 믿음을 가진 사람'으로 회고하는 변호사 아버지 밑에서 성장했다. 어린 시절부터 사회적 약자들이 겪는 부당한 고통을 지켜보았던 그녀는 첫 장편소설《앵무새 죽이기》에 이들을 향한 공감과 연대의 메시지를 담아냈다.

이 작품에는 백인 여성을 강간했다는 죄를 뒤집어쓴 흑인 노동자 톰 로빈슨과 세상으로부터 고립된 은둔자 이웃 부 래들리가 등장한다. 작품의 주인공인 스카웃 가족은 이 사회적 약자들과 교감하고 연대하며, 그들을 향한 사회적 차별과 폭력에 맞서는 진정한 용기가 무엇인지 배워 나간다.

작품 제목에 등장하는 '앵무새'는 인간을 위해 노래할 뿐 밭을 망치거나 사람을 공격하지 않는 무해한 존재다. '앵무새 죽이기'는 이처럼 무해한 존재들에게 사회가 가하는 부당한 편견과 차별, 폭력을 의미한다.

이야기는 흑인 차별이 극심한 1930년대 미국 남부 소도시 메이콤에서 시작된다.

**이해할 수 없는 사람들**

책의 화자인 선머슴 같은 여섯 살 소녀 스카웃 핀치는 다정하고 성실한 변호사 아빠 애티커스, 오빠 젬과 함께 살고 있다. 스카웃의 이웃집에는 청소년 시절 갱단과 어울리며 사고를 친 뒤 15년 동안 집 안에만 틀어박혀 지내는 부 래들리가 형과 함께 살고 있다. 마을 사람들은 부가 사람과 동물을 먹어 치우는 괴물이라는 소문을 퍼뜨리며 피했다.

어느 날 이웃집 친구는 부 아저씨에 대한 호기심이 발동해, 그를 집 밖으로 끌어내자고 제안한다. 세 아이는 그의 집 대문을 홱 열어젖히고 도망치거나, 창문을 몰래 들여다보거나, 열린 창틈으로 쪽지를 건네려 시도하며 부의 주변을 맴돈다. 이를 알게 된 애티커스는 부 아저씨가 정말로 집 밖으로 나오고 싶다면 스스로 걸어 나올 테니, 그가 원치 않는데 불쑥 찾아가고 훔쳐보는 일은 그만두라고 조용히 타이른다.

가을이 되어 스카웃이 학교에 입학한다. 북부 도시에서 온 젊은 선생님이 가난한 농부 집안 학생들을 어떻게 대해야 할지 몰라 툭하면 무시하고 핀잔만 주자 악명 높은 말썽쟁이들은 선생님을 모욕하고 교실을 뛰쳐나가기 일쑤였다. 한번은 도시락을 싸 오지 못한 가난한 반 친구를 집으로 초대해 점심을 대접하는데, 그는 온 음식에 시럽을 뿌려 대는 기이한 행동으로 스카웃을 기겁하게 만든다. 이해할 수 없는 낯선 사람들에게 실망한 스카웃은 아빠에게 학교에 가기 싫다고 토로하고, 애티커스는 이렇게 조언한다.

> "무엇보다도 간단한 요령 하나만 배운다면 모든 사람과 잘 지낼 수 있어. 누군가를 정말로 이해하려면, 그 사람의 입장에서 생각해야 해. 말하자면 그 사람의 살갗 안으로 들어가 그 사람이 되어서 걸어 다니는 거지."

한편 등하굣길에 부 아저씨의 집을 지나치던 스카웃과 젬은 그의 집 앞 나무 구멍 안에서 언젠가부터 작은 선물들을 발견하기 시작한다. 달콤한 껌, 인디언 문양 동전, 비누로 깎은 인형 등 누군가가 아이들을 위해 남겨 둔 듯한 소박한 물건들이었다. 젬은 그것들이 부 아저씨의 선물일 거라 믿고 소중히 간직하지만, 어느 날 부의 형이 시멘트로 나무 구멍을 막아 버려 그 따뜻한 교류는 더 이상 이어지지 못한다.

**패배를 두려워하지 않는 용기**

어느 날 스카웃은 학교 친구들이 아빠를 '깜둥이 애인'이라고 조롱하는 말을 듣고 충격을 받는다. 알고 보니 최근에 애티커스가 읍내 흑인 청년 톰 로빈슨의 변호를 맡았고, 그는 백인 여성을 강간한 혐의로 기소된 상황이었다. 흑인이 법의 정당한 보호를 받는 것조차 용납하지 않던 보수적인 마을 사람들은 애티커스가 흑인을 변호한다는 이유만으로 그를 맹렬히 비난했다.

스카웃이 재판에서 승리할 가능성이 있는지 조심스럽게 묻자, 애티커스가 이렇게 답한다.

> "시작도 하기 전에 패배할 것을 알면서도 어쨌든 시작하고, 그것이 무엇이든 끝까지 해내는 것이 바로 진짜 용기 있는 모습이란다. 승리하기란 아주 힘든 일이지만, 가끔은 승리할 때도 있는 법이거든."

애티커스는 이 사건의 정황과 증거를 통해 톰의 결백을 확신하고 있었다. 하지만 흑인에 대한 뿌리 깊은 사회적 편견과 차별 앞에서, 백인 배심원단의 무죄 판결을 이끌어 내는 일은 거의 불가능에 가깝다는 냉혹한 현실 또한 잘 알고 있었다. 그럼에도 그는 정의와 양심을 위해 패배를 두려워하지 않고 끝까지 싸워 보기로 결심한다.

## 앵무새를
## 죽인 사회

읍내 법원에서 톰 로빈슨의 재판이 시작되고, 사건을 처음 접수한 테이트 보안관이 첫 번째 증인으로 나온다. 그는 어느 날 밤에 유얼 씨가 흥분한 상태로 찾아와 자기 딸이 어떤 깜둥이 녀석에게 강간을 당했다며 신고했다고 증언한다. 곧바로 유얼 씨 집으로 간 보안관은 여기저기 심하게 얻어맞은 유얼 씨의 딸 메이엘라를 발견했다. 메이엘라는 톰이 자신을 때리고 강간했다고 진술했고, 이에 보안관은 곧바로 톰을 체포했다. 애티커스는 보안관에게 메이엘라의 상처 위치에 대해 구체적으로 묻고, 보안관은 그녀의 오른쪽 눈이 특히 심하게 멍들어 있었다고 진술한다.

이어 메이엘라의 아버지 유얼 씨가 증인석에 앉는다. 그는 집에 돌아왔을 때 딸의 비명을 들었고, 창밖으로 톰이 딸을 덮치는 모습을 목격했다고 주장한다. 하지만 톰이 곧바로 도망쳐 버려, 자신은 곧장 보안관에게 신고하러 갔다고 진술한다. 애티커스는 유얼 씨에게 종이에 자신의 이름을 써 보게 하는데, 이 과정에서 그가 왼손잡이라는 사실이 드러난다. 메이엘라의 오른쪽 눈두덩이에 심한 상처를 입히려면, 범인은 왼손잡이일 가능성이 높았다. 그런데 톰은 왼쪽 어깨에 큰 부상을 입어 왼손이 거의 불구에 가까운 상태였다.

이제 메이엘라가 증인석에 오른다. 그녀는 톰에게 5달러를 줄 테니 마당에 있는 땔감을 쪼개 달라고 부탁했고, 자신이 돈을 가지러 방 안으로 들어간 사이에 톰이 따라 들어와 목을 조르고 폭행한 뒤 바닥에 눕혀 강간했다고 주장한다. 애티커스는 학교에 다니지 않는 메이엘라에게 또래 친구가 있냐고 묻지만, 그녀는 대답 대신 눈살을 찌푸리며 적대적인 표정만 지을 뿐이었다. 방청석에서 이를 지켜보던 스카웃은 그녀가 친구라는 말의 의미조차 모를 만큼 외로운 사람일 거라고 짐작한다.

이어 톰 로빈슨의 증언이 시작된다. 그는 매일 유얼 씨네 집을 지나쳐 마을 주민의 밭으로 일하러 다녔는데, 메이엘리가 여러 번 땔감을 쪼개거나 물을 길어 달라며 도움을 청해 도와주곤 했다고 진술한다. 유얼 씨나 다른 백인 아이들 중 누구도 메이엘라를 도와주지 않아 그녀가 불쌍해 보였다고도 덧붙인다. 딱히 친구도 없이 천대받으며 살아가던 메이엘라에게는 톰이 자신을 상냥하게 대해 주는 유일한 사람이었던 것이다. 톰은 사건이 일어난 날 메이엘라가 방문 고리를 고쳐 달라며 그를 집 안으로 들였고, 방에 들어서자 그녀가 갑자기 성인 남자와 키스해 보고 싶다며 껴안고 덮쳤다고 말한다. 당황한 톰이 메이엘라에게 제발 나가게 해 달라고 부탁했는데, 그 순간 창밖에서 이를 목격한 유얼 씨가 욕설을 퍼부으며 달려들었고, 이에 톰은 겁에 질려서 도망쳤다고 진술한다.

그리고 애티커스가 백인들로만 구성된 배심원단 앞에서 마지막 변론에 나선다. 그는 메이엘라가 흑인 남성을 유혹했다는 사실을 감추기 위해 무고한 톰을 희생시키려 한다고 주장한다. 이어 메이엘라의 오른쪽 눈에 난 상처는 왼손잡이에 의해 폭행당한 정황을 보여 주는 증거라고 지적하며, 톰은 왼손을 거의 쓸 수 없는 상태임을 거듭 강조한다. 그는 사법 제도 앞에서는 모든 사람이 평등해야 하며, 배심원 한 분 한 분이 정의롭고 양심적인 판단을 내려 줄 것을 간곡히 호소한다. 배심원단의 논의는 3시간이 넘도록 이어졌지만, 결국 모두가 지쳐 졸기 시작한 늦은 밤에 톰은 유죄 판결을 받는다.

그 뒤 톰은 감옥에서 항소심을 기다리던 중 담장을 넘어 탈출을 시도하다 무려 17발의 총탄을 맞고 숨을 거둔다. 그는 사법 제도를 장악한 백인들이 자신에게 정당한 기회를 주지 않을 거라는 생각에 스스로 기회를 만들기 위해 탈출을 선택했지만, 끝내 죽음에 이른 것이다.

이 비극을 보며 무고한 약자가 보호받지 못하는 부당한 현실을 알게 된 스카웃과 젬은 큰 상처를 받는다. 특히 젬은 인간에게 해를 끼치지 않는 존재라면, 이제 집 안에 들어온 작은 벌레조차 함부로 죽이지 않겠다고 굳게 다짐한다.

**약자의 시선으로
바라본 세상**

철망으로 만든 훈제 햄 복장을 하고 핼러윈 파티에 참석했던 스카웃은 젬과 함께 어두운 밤길을 따라 집으로 돌아오다가 갑자기 낯선 이의 공격을 받는다. 어둠 속에서 격한 몸싸움이 벌어지고, 젬은 비명을 지르며 쓰러져 정신을 잃는다. 이때 또 다른 낯선 이가 나타나 공격자를 제압하고, 두 아이가 무사히 집으로 돌아올 수 있도록 도와준다.

애티커스의 신고를 받고 출동한 테이트 보안관은 현장에서 가슴에 부엌칼이 꽂힌 채 숨져 있는 유얼 씨를 발견한다. 톰을 변호한 애티커스에게 복수하려던 유얼 씨가 아이들을 해치려다 참변을 당한 것이다. 애티커스는 유얼 씨를 칼로 찌른 사람을 밝혀야 한다고 말하지만, 테이트 보안관은 유얼은 스스로 자신의 칼 위로 넘어져 목숨을 끊은 거라고 단호히 못박는다. 무고한 흑인 청년을 죽음에 이르게 한 그의 존재를 여기서 조

용히 묻겠다고 덧붙이면서.

유얼 씨로부터 아이들을 구해 준 창백하고 깡마른 낯선 남자도 집에 와 있었는데, 스카웃은 그가 바로 자신이 그토록 궁금해하던 부 아저씨임을 눈치채고 놀라움과 반가움의 인사를 건넨다. 부는 동네 사람들의 편견 속에서 괴물로 낙인찍힌 은둔자였지만, 어린 스카웃과 젬을 지키는 진정한 용기와 선량함을 보여 주었다.

스카웃은 어둠을 무서워하는 부 아저씨를 그의 집 현관까지 데려다준 후에 뒤돌아선다. 그 순간, 자신이 한 번도 부 아저씨의 집 방향에서 동네를 바라본 적이 없었다는 사실을 깨닫는다. 스카웃은 이제 부 아저씨의 시선으로 자신의 가족과 이웃들을 바라보는 상상을 해 본다. 그리고 언젠가 아빠가 "상대방의 입장이 되어 보기 전에는 그 사람을 정말로 이해할 수 없단다"라고 했던 말의 의미를 비로소 이해한다. 나의 시선이 아닌 타인의 시선으로 세상을 바라볼 수 있을 때 진정한 성장이 시작된다는 작가의 믿음이 드러난 결말이었다.

◆

이 책을 읽으며 약자에게 가해지는 부당한 차별과 폭력은 어쩌면 저마다의 이기적인 시선에서 비롯된다는 생각이 들었다. 오늘날 우리는 그 어느 때보다 다양한 사상과 콘텐츠를 접하며 살고 있지만, 정작 다른 사람의 '살갗 속으로 들어가' 그들의 입장에서 세상을 바라보는 일에는 여전히 서툴기만 하다. 더구나 우리는 지금 대면 접촉보다 비대면 소통에 익숙해진 시대를 살고 있다. 직접 눈을 맞추고 감정을 주고받는 대신, SNS 같은 매개체로 손쉽게 타인과 관계를 맺는다. 그런 만큼 타인의 표정과 숨결, 상처를 어루만지는 감각은 점점 무뎌지고, 말 한마디의 무게를 잊은 채 언어로 폭력을 행사하거나 약자들의 아픔에 무심해지기 쉽다. 어쩌면 이것이야말로 오늘날 우리가 마주한 또 다른 형태의 '앵무새 죽이기'일지도 모른다. 대면 접촉이 사라져 가는 시대일수록 타인의 시선을 이해하려는 마음, 그리고 내가 건넨 말이 타인에게 남길 상처를 성찰하는 태도가 어느 때보다 절실하다. 부의 집 현관 앞에서 부의 시선으로 마을 사람들을 바라보려 했던 어린 스카웃의 마음을 되새긴다면, 우리는 여전히 세상의 모든 '앵무새'를 지킬 수 있을 것이다.

# 17

익숙한 것과
결별하기가 두려운
당신에게

**브람스를 좋아하세요…**
프랑수아즈 사강

❖ 등장인물

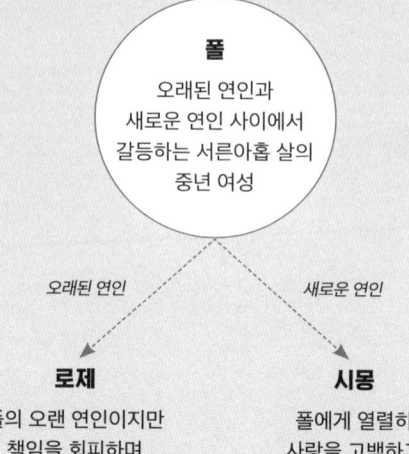

**폴**
오래된 연인과
새로운 연인 사이에서
갈등하는 서른아홉 살의
중년 여성

오래된 연인 ↙　　↘ 새로운 연인

**로제**
폴의 오랜 연인이지만
책임을 회피하며
자유로운 연애를 즐기는
중년의 사업가

**시몽**
폴에게 열렬히
사랑을 고백하고
헌신하는 스물다섯 살의
변호사 청년

익숙함에 안주, 늙어 감　**VS**　새로운 도전, 청춘

> 이제 그녀는 새로 개척하는 대신
> 갖고 있는 것을 지키려 애쓰고 있었다.
> 직업을, 그리고 남자를…

《브람스를 좋아하세요…》(1959)는 '프랑스 문단의 반항아'로 불린 프랑수아즈 사강(1935-2004)이 스물넷이라는 어린 나이에 발표한 작품이다. 프랑스 귀족 가문에서 태어난 사강은 10대 시절의 데뷔작《슬픔이여 안녕》으로 단숨에 성공 반열에 올랐고, 평생 연애와 술, 마약, 도박, 스피드를 거침없이 즐겼다. 20대 초반에 큰 교통사고를 당해 죽음 직전까지 갔다가 가까스로 살아났지만, 그 후유증으로 평생 약물 중독에 시달려야 했다. 중년에 코카인 소지 혐의로 기소됐을 때는 "타인에게 피해를 주지 않는 한, 나는 나를 파괴할 권리가 있다"라는 유명한 말을 남겼을 정도로 기존의 관습에 얽매이지 않는 자기 파괴적인 삶을 산 것으로 유명하다.

《브람스를 좋아하세요…》는 표면적으로는 마흔을 앞둔 여주인공 폴이 오랜 연인 로제와 스물다섯 살 청년 시몽 사이에서 줄타기하는 삼각 로맨스 소설이다. 하지만 이면을 보면 아무리 고통을 줄지라도 결국 익숙한 관계에 안주하고 마는 심리적 관성, 즉 '낯선 설렘'보다 '익숙한 권태'를 택하는 중년의 무기력한 마음을 다루고 있다. 청춘은 상처 준 사람을 미련 없이 떠나, 새로운 관계로 끊임없이 나아갈 용기를 갖기 쉬운 시기다. 사강은 그런 용기를 잃고 익숙한 관계에만 안주하려는 순간, 우리는 늙어 가기 시작하는 거라고 말한다.

이 책의 제목 '브람스를 좋아하세요…'는 물음표로 끝나는 의문형이 아니라 말줄임표로 끝나는 애매한 권유형 문장이다. 작품 속에서 스물다섯 살 청년 시몽은 서른아홉 살의 여주인공 폴에게 데이트를 신청하며 "브람스를 좋아하세요?"라고 조심스레 묻는다. 그가 진짜로 알고 싶은 것은 폴이 브람스를 좋아하는지가 아니라, 이 새로운 만남에 마음을 열 준비가 되어 있는가다. 그런데 폴은 '내가 정말 브람스를 좋아하나?' 하는 진지한 고민에 빠지며 자신 속에 침잠해 버린다. 작가는 우리가 삶의 어느 시점에 있든 새로운 기회 앞에 항상 열려 있기를, 그 기회 앞에서 용기를 잃지 않는 청춘이기를 바라는 마음을 이 권유형 제목에 담아낸 듯하다.

청춘과의 이별을 담은 이 이야기는 파리의 어느 가을 아침에 시작된다.

**중년의 체념,
청춘의 직진**

서른아홉 살의 우아한 여인 폴은 파리에서 실내 장식가로 일한다. 오래전에 이혼한 그녀에게는 5년째 관계를 이어 오는 로제라는 연상의 연인이 있다. 운송 사업가인 로제는 책임으로부터 자유롭고 싶어 하는 남자로, 자신을 기다리는 것이 삶의 중심이 된 폴의 아파트에 머물기보다는 자유롭게 거리를 쏘다니며 새로운 만남의 기회를 갖는 것을 좋아한다. 폴은 자신에게 온전히 집중하지 못하는 로제에게 불만을 느끼면서도 막상 그의 얼굴을 마주하면 '난 이 남자를 사랑하고 있어'라고 되뇌며 체념한다.

10월의 비 내리는 어느 날 아침, 폴은 인테리어를 의뢰한 고객의 집에서 젊고 잘생긴 그 집 아들, 스물다섯 살의 변호사 시몽을 만난다. 시몽은 우아한 분위기가 느껴지는 폴에게 첫눈에 반해, 자신의 차로 그녀를 사무실까지 데려다준다. 대화를 나누다 그녀가 서른아홉 살이라는 사실을 안 뒤에도 시몽은 주저 없이 언젠가 점심을 같이하자고 들이댄다. 폴은 당분간 바쁘다며 정중히 거절하지만, 그날 저녁 로제와 함께 간 클럽에서 또다시 시몽과 마주친다. 술에 잔뜩 취한 시몽은 "당신을 여기저기 찾아다녔어요. 그런데 이렇게 찾아냈군요!"라고 말하며, 곁에 있는 로제는 아랑곳하지 않고 폴에게 노골적인 관심을 드러낸다. 결국 로제와 폴은 인사불성이 되어 쓰러진 시몽을 집까지 데려다주어야 했다.

다음 날 시몽은 폴의 사무실에 찾아와 지난밤의 술주정을 사과하며 점심 식사를 제안한다. 두 사람은 교외로 나가 젖은 풀 냄새가 가득한 숲속 식당에서 식사를 한다. 긴장한 시몽은 폴을 즐겁게 해 주기 위해 개인기인 다른 사람 흉내 내기를 선보이며 그녀를 배꼽 잡고 웃게 만든다. 그러다 자신이 맡았던 치정 사건의 재판 과정을 설명하던 중에 손가락으로 폴을 가리키며 말한다.

> "그리고 당신, 저는 당신을 인간으로서의 의무를 다하지 않았다는 이유로 고발합니다. 사랑을 스쳐 지나가게 한 죄, 행복해야 할 의무를 소홀히 한 죄, 핑계와 편법과 체념으로 살아온 죄로 당신을 고발합니다. 당신에게는 사형을 선고해야 마땅하지만, 고독형을 선고합니다."

자신을 열렬히 사랑해야 하는 의무를 다하지 않으면 고독을 면치 못할 거라는 청춘의 발칙한 경고였다. 하지만 그 순간에도 폴은 혹시나 자신을 찾을지 모르는 로제만을 생각했다. 시몽이 떨리는 목소리로 사랑을 고백해도 새로운 여자에게 호감을 얻기 위해 애쓰는 애송이의 철없는 열정쯤으로 흘려들었다.

"브람스를
좋아하세요?"

로제는 칵테일파티에서 만난 젊은 배우 지망생과 눈이 맞아, 폴에게는 출장 간다는 핑계를 댄 채 그녀와 주말여행을 떠난다. 일요일 오후, 외롭게 홀로 남겨진 폴은 시몽에게서 한 통의 속달 우편을 받는다.

'오늘 6시에 플레옐 홀에서 아주 좋은 연주회가 있습니다. 브람스를 좋아하세요?'

폴이 실제로 브람스를 좋아하든 말든, 그건 시몽에게 중요치 않았다. 그저 그녀와 만날 기회를 잡는 것이 중요했고, 브람스는 그녀를 세상 밖으로 끌어내기 위한 미끼였을 뿐이다. 하지만 폴은 진지하게 자신이 진짜 브람스를 좋아하는지, 자신이 음악에 관심이 있기는 한지, 자신은 지금 부재중인 로제에게만 집중하고 있는 건 아닌지 복잡한 생각에 빠져든다. 시몽이라는 새로운 인물, 새로운 기회 앞에 마음을 열지 못한 것이다.

그럼에도 문득 브람스 연주회의 분위기가 궁금해진 폴은 그날 저녁 플레옐 홀로 향한다.

사실 시몽은 그날 오후 교외에서 로제가 다른 젊은 여자와 함께 있는 모습을 우연히 목격했다. 폴이 느낄 외로움과 고통에 마음이 아팠던 그는 연주회가 끝난 뒤 로제 때문에 서둘러 집으로 돌아가려는 폴에게 말한다.

"당신은 로제를 사랑하지만 지금 혼자 있습니다. 당신은 일요일마다 혼자 있겠지요. 저라면 당신 곁에 있을 겁니다. 저라면 당신 곁에서 밤새도록 당신을 품에 안고 잠들 겁니다. 저라면 그 이상으로도 사랑할 수 있어요. 그런데 그 사람은 더는 그렇지 않죠."

하지만 로제에 대한 비난을 더는 듣고 싶지 않던 폴은 자리를 박차고 나가 버린다.

그날 밤 폴은 로제와 대화하던 중에 그가 자신을 속이고 다른 여자와 시간을 보냈다는 사실을 눈치채고 속으로 분노를 삼킨다.

**익숙함과의 결별**

로제는 흥분한 아이처럼 젊은 배우 지망생에게 푹 빠져, 출장을 핑계로 폴의 곁을 자주 비운다. 폴은 홀로 외로운 밤을 보내는 날이 많아지고, 이를 알게 된 시몽은

그녀 곁을 맴돌며 끈질기게 구애한다. 결국 외로움에 지친 폴은 그의 열정에 마음이 흔들려 하룻밤을 함께 보낸다. 그 뒤로 시몽은 행복에 취해 폴의 곁을 떠나려 하지 않고, 자신의 짐을 그녀의 아파트로 가져와 눌러앉는다.

어느 날 폴은 로제에게 이런 상황을 털어놓는다. 요즘 시몽을 자주 만나고 있으며, 그와 함께 있는 시간이 즐겁다고. 하지만 그녀의 마음은 여전히 너무도 익숙한 로제를 떠나지 못하고 있었다. 그래서 폴은 조심스레 덧붙인다.

"만일 당신이 나를 되찾기 위해 좀 더 노력한다면, 나는 다시 당신에게 돌아갈 수 있어요. 그건 당신에게 달렸어요. 시몽은 나를 무관심하게 방치하지 않아요."

하지만 젊은 청년과 비교당한 것에 자존심이 상한 로제는 마흔이 다 된 여자가 한낱 풋내기 청년을 만나는 것은 '비정상적인 일'이라며 폴을 맹렬히 비난한다. 이에 상처받은 폴은 눈물을 흘리며 자리를 박차고 나오고, 뒤쫓아 와 용서를 비는 로제에게 잠시 떨어져 지내자고 선언한다.

## 청춘이
## 끝나는 시점

폴은 시몽과 행복한 나날을 보내면서도 자신을 되찾으려 하지 않는 로제가 점점 원망스러워진다. 시몽은 늘 독립적이었던 로제와 달리 매일 그녀의 어깨를 베고 잠들고, 이른 아침이면 그녀를 위해 식사를 차려 주며, 모든 일에 하나하나 그녀의 조언을 구했다. 폴은 이런 시몽의 배려와 헌신이 감동적이기는 했지만 어딘가 낯설고 불편했다. 자신을 행복하게 해 주려 애쓰는 시몽보다 자신의 행복에 무관심했던 로제에게 훨씬 익숙해져 있었던 것이다. 로제 또한 익숙한 폴의 곁을 떠나온 뒤로는 불면증에 시달리며 그녀를 그리워했고, 배우 지망생에게도 점차 흥미를 잃어 가고 있었다.

결국 얼마 후에 폴의 사무실로 찾아온 로제는 "난 당신 없이 너무 불행했어"라고 고백한다. 폴은 자기도 불행했다고 답하며 로제에게 몸을 기대어 울기 시작한다. 로제의 익숙한 체취를 들이마신 순간, 폴은 구원을 받은 기분과 길을 잃은 기분을 동시에 느낀다.

며칠 뒤, 시몽은 결국 로제를 선택한 폴과의 이별을 받아들이고 자신의 짐을 챙겨 그녀의 아파트를 떠나온다. 그는 울고 있었지만, 발걸음은 가벼웠다. 시몽은 청춘이었고, 또 다른 새로운 사랑을 찾아 나설 용기가 한참 남아 있었기 때문이다. 폴은 떠나는 그의 뒷모습을 바라보며 난간 너머로 외친다.

"시몽, 이제 난 늙었어. 늙은 것 같아…."

폴은 행복과 무관하게 끝내 익숙한 관계에 안주한 순간, 사랑의 환희에도 이별의 슬픔에도 무뎌진 자신의 '늙어 버린' 모습을 발견한 것이다.

폴과 로제가 다시 만나기 시작한 어느 저녁, 폴의 전화벨이 울리고 수화기 너머로 로제의 목소리가 들려온다.

"미안해. 일 때문에 저녁 식사를 해야 해. 좀 늦을 것 같은데…."

로제는 이렇게 서툰 거짓말을 반복하고, 폴의 상처 입은 저녁도 되풀이된다. 하지만 그들은 체념한 듯 이것을 '사랑'이라 부르며 그 안에 계속 머물 것이다.

♦

이 작품을 읽고, 청춘이 끝나는 시점은 익숙한 것들과 이별할 용기를 잃는 때라는 생각이 들었다. 인생의 어느 시점에 이르면 우리는 더는 새로운 기회나 더 나은 가능성을 찾지 못할 거라는 막연한 두려움에 사로잡혀, 그저 기존의 것들을 지키기에 급급한 사람이 되곤 한다. 청춘이란 온전한 나의 행복과 사랑, 꿈을 찾으려는 이기적이고도 열렬한 마음이다. 물리적인 나이를 넘어선 마음의 상태이며, 누구나 나이와 상관없이 품을 수 있는 태도이기도 하다. 그런 청춘으로부터 멀어질 때 우리의 삶이 얼마나 관성에 젖은 무기력한 풍경으로 변할 수 있는지, 스물네 살의 작가 사강이 발칙한 경고를 날리는 듯하다.

# 18

'나를 온전히 이해해 줄
단 한 사람'을 찾는
당신에게

### 나의 라임오렌지나무
J. M. 바스콘셀로스

❖ 등장인물

**제제**

가족과 이웃들의
미움과 학대를 받으며 커 가는
다섯 살 소년

'이해와 소통'을
통한 성장

**라임오렌지나무(밍기뉴)**
제제가 마음속 이야기를 나누는
유일한 상상의 친구

**뽀르뚜가**
제제를 진심으로 이해하고
사랑해 준 최초의 어른

> "넌 너무 어려서
> 이런 슬픈 일들은 잘 모를 거야."

　언론에 종종 등장하는 아동 학대 뉴스를 접할 때면, 세상과 온전히 소통하지 못하는 아이들의 고통과 외로움이 전해지면서 《나의 라임오렌지나무》속 작은 꼬마 제제가 떠오른다. 이 작품의 작가 조제 마우로 데 바스콘셀로스(1920-1984)는 브라질 리우데자네이루의 빈민가에서 태어나, 제제처럼 가난과 외로움, 폭력으로 얼룩진 유년 시절을 보냈다. 극심한 생활고 탓에 학업을 중단하고 어부, 바나나 농장 인부, 권투 선수, 배우 등 다양한 직업을 전전하며 독재와 빈곤, 사회적 불평등에 시달리는 브라질 사회의 밑바닥을 살아 냈다. 그는 20대 초반부터 글을 쓰기 시작해 마흔아홉 살이던 1968년 자전적 이야기를 담은 성장 소설 《나의 라임오렌지나무》를 발표하며 브라질의 국민 작가로 떠올랐다. "나는 글을 쓴 것이 아니라 내 가슴을 찢어 그 안을 펼쳐 보였다"라는 고백처럼, 이 작품은 그의 외롭고 아픈 유년기의 삶 그 자체다.

이 소설은 가족과 이웃들의 미움과 학대를 받으며 살아가는 다섯 살 소년 제제의 성장 과정을 통해 한 인간이 성숙해 가는 데 이해와 소통이 얼마나 중요한지 생생히 보여 준다. 세상 그 누구와도 소통하지 못하던 제제는 '라임오렌지나무'와 '뽀르뚜가'라는 두 존재를 만나 생애 처음으로 진정한 이해와 소통을 경험한다. 비록 그들을 영원히 잃는 가혹한 상실을 경험하지만, 제제는 그들에게서 받은 사랑과 이해 덕분에 과거의 자신처럼 외로운 아이들에게 이해와 소통의 중요성을 전하는 어른으로 성장한다.

제제의 이야기는 1900년대 중반, 브라질의 리우데자네이루 외곽에 위치한 방구 지역에서 시작된다.

**악동 꼬마 안의 '노래하는 작은 새'**

다섯 살 소년 제제는 실직한 아빠를 대신해 공장에서 일하는 엄마와 누나들, 그리고 형, 동생과 함께 살고 있다. 집세도 여덟 달 치나 밀린 가난한 형편이다 보니 가족들은 어린 제제에게 따뜻한 말 한마디 건넬 여유조차 없었다.

그런 상황에서 제제는 걸핏하면 밖에서 크고 작은 말썽을 일으키며 매를 맞고 다니는 동네 악동으로 이름을 날린다. 사람들이 '제제 안에는 악마가 살고 있다'고 수군댈 정도다.

하지만 제제는 자기 안에 '노래하는 작은 새'가 살고 있다고 굳게 믿었다. 그 새는 제제만을 위해 아름다운 노래를 불러 주며, 힘겨운 현실 속에서도 희망을 놓지 않게 해 주는 존재였다. 어느 날 그는 실직한 이웃집 아저씨와 이 새에 대한 이야기를 나눈다.

"그게 뭔지 아니? 네가 자라고 있다는 증거란다. 커 가면서 네가 속으로 말하고 보는 것들을 '생각'이라고 해. 생각이 생겼다는 것은 너도 이제 곧 내가 말했던, '철드는 나이'가 되었다는 거야. 그땐 기적 같은 일들이 일어나지. 생각이 자라서 우리 머리와 마음을 모두 돌보게 돼. 생각은 우리 눈과 인생의 모든 것에 깃들게 되지."

"그럼 작은 새는요?"

"작은 새는 어린애들이 여러 일을 배우는 걸 도와주려고 하느님이 만드신 거야. 그래서 더 이상 필요하지 않을 때는 하느님께 돌려 드려야 해. 그러면 하느님이 그 새를 너처럼 영리한 다른 꼬마에게 넣어 주시지. 아주 멋진 일 아니니?"

**이해와
소통의 시작**

제제의 가족은 밀린 집세 때문에 새집으로 이사를 간다. 어느 날 이사한 집 뒷마당에 심어 놓은 작은 라임오렌지나무 아래 앉아 있던 제제는 문득 나무가 자신에게 말을 걸고 있다는 것을 깨닫는다.

"어떤 요정이 말해 주었어. 너처럼 작은 꼬마와 친구가 되면 말도 하게 되고 아주 행복해질 거라고 말이야."

제제는 라임오렌지나무에게 '밍기뉴'라는 이름을 붙여 주고, 그 뒤로 매일 자신의 이야기를 들려준다. 그동안 자신의 이야기에 귀 기울여 줄 사람은 가족 중에도, 세상 어디에도 없었는데, 이제 뒷마당의 밍기뉴가 이야기를 들어 주는 유일한 친구가 된 것이다.

어느 날 제제가 밍기뉴에게 말한다. 하늘에 예쁜 구름이 지나갈 때를 기다렸다가 자기 안에 살고 있는 노래하는 작은 새를 날려 보내자고. 곧 잎사귀 모양의 예쁜 구름이 다가오자 제제는 벌떡 일어나 셔츠를 풀어헤치며 외친다.

"내 작은 새야 훨훨 날아라. 높이 날아가. 계속 올라가 하느

님 손끝에 앉아. 하느님께서 널 다른 애한테 보내 주실 거야. 그러면 너는 내게 그랬듯이 아름다운 노래를 부르겠지. 잘 가, 내 예쁜 작은 새야!"

　제제는 이제 마음을 털어놓을 수 있는 존재인 밍기뉴를 만났기에 자기 안에만 머물던 작은 새를 떠나보낼 수 있게 된 것이다. 그 새가 자기처럼 외롭고 지친 또 다른 아이의 마음속에 찾아들어, 아름다운 희망의 노래를 불러 주기를 간절히 바란다.
　한편 어린 나이에 혼자 글을 깨친 제제는 또래 아이들보다 먼저 초등학교에 입학한다. 담임인 세실리아 선생님은 제제의 딱한 형편을 알아채고 쉬는 시간에 생크림빵을 사 먹으라며 용돈을 쥐어 주고, 책을 잘 읽는다며 칭찬과 격려를 아끼지 않는다. 제제는 선생님의 따뜻한 관심에 부응하기 위해 동네 악동에서 모범생으로 순식간에 변신한다. 꾸짖음이 아닌 사랑과 관심이 아이를 어떻게 변화시킬 수 있는지를 보여 주는 대목이다. 제제는 못생긴 외모 때문에 학생들에게 인기가 없는 세실리아 선생님을 위해 매일 아침 이웃집 정원에서 몰래 꽃을 꺾어다 그녀의 꽃병에 꽂아 준다. 하지만 곧 이웃집 주인의 신고로 제제의 '꽃 서리'에 대해 알게 된 선생님이 조용히 그를 불러 나무란다.

"제제, 왜 그런 짓을 했니?"
"선생님, 그렇게 할 수밖에 없었어요. 우리 집에는 정원이 없어요. 꽃을 사려면 돈이 들고요…. 그리고 전 선생님 꽃병만 늘 비어 있는 것이 마음 아팠어요."
"제제, 이 병은 결코 비어 있지 않을 거야. 난 이 병을 볼 때마다 세상에서 가장 아름다운 꽃을 보는 거야. 그리고 이렇게 생각할 거야. 내게 이 꽃을 가져다준 아이는 세상에서 가장 착한 나의 학생이라고."

제제가 '인생 친구'를 만난 것은 바로 이 무렵이었다. 어느 날 인상이 험악해서 마을 사람들이 가까이하기를 꺼리는 부유한 포르투갈인의 자동차 뒷바퀴에 매달리는 장난을 치다가 엉덩이를 세차게 얻어맞고 혼쭐이 난다. 그런데 며칠 뒤, 유리 조각에 발을 다쳐 절뚝이며 걷는 제제를 발견한 포르투갈인이 말없이 약국으로 데려가 치료를 해 준다. 그는 고통을 꾹 참고 치료를 마친 제제에게 "넌 아주 용감한 사내야, 꼬마야"라고 말하며 웃어 보인다. 그 순간 제제는 이 포르투갈인이 자신에게 가장 소중한 사람이 되었다는 사실을 깨닫는다. 그는 처음으로 학교와 집을 벗어난 진짜 세상 속에서 만난, '있는 그대로의 나'를 받아 주고 보호해 주는 어른이었다. 제제는 이후 그를 '뽀르뚜가'라는 애칭으로 부르며 친근하게 다가서고, 뽀르뚜가도 다가오는 제제에게 편견 없이 마음을 연다. 그는 제제에게 장난감을 사 주고 집에도 초대하며 나이를 뛰어넘는 우정을 나눈다. 제제는 뽀르뚜가에게 이렇게 말한다.

> "난 절대로 당신 곁을 떠나고 싶지 않아요. 당신이 세상에서 가장 좋은 사람이니까요. 당신이랑 같이 있으면 아무도 저를 괴롭히지 않아요. 그리고 내 가슴속에 행복의 태양이 빛나는 것 같아요"

## 어른의 잣대가
## 만든 폭력

어느 날, 풍선 만드는 데 정신이 팔린 제제에게 누나가 빨리 밥부터 먹으라며 거칠게 닦달한다. 이에 화가 난 제제는 무심코 "이 갈보야"라는 욕을 내뱉는다. 그는 이 욕의 의미조차 제대로 알지 못했는데, 격분한 누나와 형은 제제가 피투성이가 되고 이가 부러질 때까지 사정없이 주먹을 휘두른다. 가족들은 매질로 엉망이 된 제제의 몰골을 감추려고 이틀간 학교에 보내지 않고 집 밖으로 나가지도 못하게 한다.

겨우 몸을 추스른 제제는 실직한 후 집 안에만 틀어박혀 우울해하는 아빠를 위로해 주려고 길거리 가수에게 배운 노래를 불러 준다. 노래 가사는 '나는 벌거벗은 여자가 좋아. 밝은 달빛 아래서 여자의 몸을 갖고 싶어…'라는 내용이었다. 아빠는 어린 아들이 이런 노골적이고 상스러운 노래를 부른다는 사실에 격분해, 아무것도 묻지 않고 제제의 뺨을 후려친다. 충격에 빠진 제제는 말문을 닫고 일주일간 앓아눕는다.

> '나를 다시 예전의 나로 되돌려주고, 사람과 그들의 선한 마음을 믿게 해 줄 중요한 무엇인가가 사라진 것 같았다. 내 가슴속에서 슬픔이 자라나는 것을 막을 도리가 없었다. 이유도 모르는 채 모질게 얻어맞은 짐승처럼…'

욕설과 노래 가사가 상스럽다는 것을 제대로 알 턱이 없는 어린 제제에게 가족이 무자비하게 폭행을 가하는 모습은 오늘날 우리 사회에서도 낯설지 않게 보인다. 어른들은 아이들의 마음을 들여다보려 하지 않고, 너무 쉽게 자신의 잣대와 기준으로 평가하고 꾸짖는다. 그런데 아이들은 '상식'이라는 틀을 벗어나 들쭉날쭉한 자신들만의 언어와 생각 속에서 커 나가는 존재들이기에 더 깊이 이해하고 섬세하게 소통해야 한다. 몸과 마음을 어렵게 회복한 제제는 뽀르뚜가를 찾아가 가족에게 당한 폭행에 대해 털어놓는다. 그는 "이제 아빠가 너무 미워요. 뽀르뚜가가 아빠한테서 저를 사서 아들처럼 키워 주면 안 돼요?"라고 묻는다. 뽀르뚜가는 제제의 아픔에 연민을 느끼며 눈물을 글썽이고, 친부모에게서 아이를 데려오는 건 현실적으로 어렵지만 앞으로 제제를 더욱 친아들처럼 아끼고 사랑하겠다고 약속한다. 제제는 가족에게서 너무나 큰 상처를 받았지만, 자신의 아픔을 이해하고 보듬어 주는 뽀르뚜가 덕분에 가까스로 상처를 추스를 수 있었다.

**때 이른 이별,
영원히 남은 사랑**

어느 날 뽀르뚜가의 차가 건널목에서 기차에 치이는 충격적인 사고가 발생하고, 뽀르뚜가는 그 자리에서 세상을 떠난다. 갑작스러운 이별에 큰 충격을 받은 제제는 오랫동안 아무것도 먹지 못하고 열병에 시달린다. 제제와 뽀르뚜가의 관계를 잘 알지 못하는 가족과 이웃들은 갑자기 앓아누운 제제를 그저 안타까운 눈길로 바라볼 뿐이었다. 제제는 생각한다.

> '이제는 아픔이 무엇인지 알 것 같았다. 매를 많이 맞아서 생긴 아픔이 아니었다. 병원에서 유리 조각에 찔린 곳을 바늘로 꿰맬 때의 느낌도 아니었다. 아픔이란 가슴 전체가 모두 아린, 그런 것이었다. 아무에게도 비밀을 말하지 못한 채 모든 것을 가슴속에 간직하고 죽어야 하는 그런 것이었다.'

제제는 한참이 지나서야 겨우 몸을 회복하고, 제제의 아빠는 다시 공장 지배인으로 취직한다. 가족들은 더 큰 집으로 이사 가기로 결정하는데, 마을 도로 공사로 뒷마당의 라임오렌지나무가 잘려 나갈 것이라는 안타까운 소식이 들려온다. 아빠는 상심한 제제에게 "네 라임오렌지나무가 잘릴 때쯤이면 우리는 멀리 이사 가 있을 테니, 넌 그게 잘렸는지도 모를 거야"라고 위로하지만, 제제는 눈물을 흘리며 말한다.

> "벌써 잘라 갔어요, 아빠. 벌써 일주일도 전에 내 라임오렌

지나무를 잘라 갔어요."

　제제에게 라임오렌지나무는 자신에게 온전히 귀 기울여 주는 세상 단 하나뿐인 소통의 대상이었다. 그리고 살아 있는 사람 중에 처음으로 그 역할을 해 준 이가 바로 뽀르뚜가였다. 그런데 뽀르뚜가가 떠난 지금, 제제는 라임오렌지나무마저 함께 잘려 나간 듯한 상실감에 빠진 것이다. 사랑과 이별의 아픔을 너무 일찍 알게 된 제제는 한순간에 철부지 어린아이에서 철든 어른이 되어 버렸다.
　시간이 훌쩍 흘러 마흔여덟 살이 된 제제가 하늘나라에 있는 뽀르뚜가에게 편지를 쓰며, 소설은 막을 내린다.

> '사랑하는 나의 뽀르뚜가, 제게 사랑을 가르쳐 주신 분은 바로 당신이었습니다. 지금은 제가 아이들에게 구슬과 그림 딱지를 나누어 주고 있습니다. 사랑 없는 삶이 무의미하다는 것을 알기 때문입니다.'

◆

　밍기뉴와 뽀르뚜가에게서 받은 진정한 이해와 사랑이 없었다면, 제제는 '사랑 없는 삶은 무의미하다'라고 말할 수 있는 어른으로 성장하지 못했을 것이다. 제제처럼 한 번이라도 진심 어린 이해와 사랑을 받아 본 경험이 있는 사람은 언젠가 반드시 그 이해와 사랑을 다른 누군가에게 나눌 줄 아는 사람으로 성장한다.

  어린아이뿐 아니라 우리 모두의 마음속에 누군가에게 온전히 이해받고 사랑받고 싶어 하는 바람이 한 그루의 라임오렌지나무처럼 쑥쑥 자라고 있다. 그 소중한 마음이 꺾이고 시들지 않도록, 내가 먼저 누군가를 온전히 이해하고 사랑하려는 노력을 기울여 보는 건 어떨까.

# 19

삶과 사랑 앞에서
주저하는
당신에게

## 그리스인 조르바
### 니코스 카잔차키스

| 행동하지 않는 | 행동하는 |
| 지식과 이념의 세계 | 자유와 본능의 세계 |

 **VS**

두목            조르바

책으로만 인생을 배우다  
탄광업을 체험하기 위해  
크레타섬에 온 지식인

두목의 조수를  
자처하는 자유분방한  
영혼의 60대 노인

아프리카인들은 왜 뱀을 섬기는가?
뱀이 온몸을 땅에 붙이고 있어서 대지의 비밀을 더 잘 알 것이라고
믿기 때문이다. 그렇다. 뱀은 배로, 꼬리로, 그리고 머리로
대지의 비밀을 안다. 뱀은 늘 어머니 대지와 접촉하고 동거한다.
조르바의 경우도 이와 같다. 우리 교육받은 자들이
오히려 공중을 나는 새들처럼 골이 빈 것들일 뿐….

**작품의 시대적 배경**

《그리스인 조르바》가 출간된 1946년 이전, 그리스는 세 차례의 큰 전쟁을 겪었다. 발칸전쟁(1912-1913)에서는 오스만 제국의 지배에 저항해 북부 영토를 회복하며 민족주의가 고조되었고, 이에 따라 개인의 자유는 상대적으로 제한되거나 억압받기 시작한다. 제1차 세계대전(1914-1918) 기간에는 연합군 참전을 두고 왕당파와 총리파가 첨예한 갈등을 빚어 내전과 정치적 혼란으로 이어지며 나라가 둘로 쪼개질 위기에 처했는데, 그 속에서 개인은 어느 진영을 택할지 강요받는 정치적 편 가르기의 대상이었다. 제2차 세계대전(1939-1945) 중에는 나치 독일이 그리스 본토를 점령해 잔혹한 학살과 수탈을 자행했고, 개인은 생존을 위한 최소

한의 자유조차 빼앗겨야 했다. 이러한 역사적 격변 속에서 니코스 카잔차키스는 이념과 민족을 초월한 인간 본연의 자유와 생명력을 추구했고, 특히 기존 질서를 뛰어넘어 자신의 삶을 자유롭게 창조해야 한다는 '니체주의'에 큰 영향을 받는다. 《그리스인 조르바》에 등장하는 '조르바'는 이 니체적 인간상을 구현한 인물이라고 할 수 있다.

♦

삶에 쉽사리 뛰어들지 못하는 내향인이었던 내게 《그리스인 조르바》 속 '조르바'는 과감하게 삶을 살아 내는 동경의 대상이었다. 두려움 없이 먹고 마시고 사랑하며 온몸으로 삶을 즐기는 조르바의 모습은 머릿속 세계에만 갇혀 지내는 내게 강렬한 해방의 이미지로 다가왔다.

이 작품을 쓴 니코스 카잔차키스(1883-1957)는 실제로 30대에 기오르고스 조르바라는 일꾼과 함께 그리스 북부에서 탄광 개발 사업을 했고, 이후 그때의 실패한 경험을 《그리스인 조르바》에 담아냈다. 카잔차키스는 이 작품의 무대인 지중해의 크레타섬에서 태어났다. 젊은 시절에는 국가나 제도의 틀을 벗어난 인간 개개인의 자유와 창조성을 중시하는 니체의 철학에 깊이 매료되었다. 하지만 중년 이후에는 다시 국가와 제도의 틀로 돌아와, 장관직을 수행하고 정당을 창립하는 등 정치권에도 치열하게 발을 내딛는다. 어쩌면 그는 개인의 자유와 창조성을 중시하는 니체의 철학과 인간을 제도적 틀에 맞추려는 정치 이념 사이에서 오랜 시간 갈등하고 방황했던 인물인지도 모르겠다. 실제로 자서전에서 "나는 모든 이념의 순례자였고 모든 길을 걸었지만, 어디에도 머물지 못했다"라는 말을 남기기도 했다.

《그리스인 조르바》에도 '지식과 이념의 세계'와 '자유와 본능의 세계'라는 상반된 두 세계를 상징하는 인물들이 등장한다. 이 책의 화자이자 카잔차키스의 분신이기도 한 '두목'은 글과 정치적 이념을 통해서만 삶을 이해하려는 인물이다. 행동하지 않는 지식인, 이상주의자, 이념주의자를 상징한다. 반대로 '조르바'는 지식이나 이념 따위에는 아랑곳하지 않고 먹고 마시고 사랑하는 일에만 몰두하는 본능적이고 감각적인 인물이다. 행동가이자 경험주의자, 감각주의자를 상징한다. 이 작품은 두목이 조르바를 만나면서 실체 없는 이념의 세계를 벗어나 감각과 경험의 세계로 발을 내딛는 과정을 이야기한다.

《그리스인 조르바》는 유독 한국에서 많은 사랑을 받는 고전이기도 하다. 아마도 사회적 시선에 민감한 문화 속에서 타인의 기준에 얽매이지 않고 자신만의 가치와 기준을 세워 자유롭고 주체적인 삶을 꿈꾸는 사람들이 많기 때문이 아닐까.

조르바의 이야기는 지중해의 아름다운 섬 크레타에서 시작된다.

## 조르바와의
## 첫 만남

30대 중반의 화자는 단테의 시집과 붓다의 책을 늘 끼고 사는 책벌레다. 책을 통해 인생을 배우고 이해하려는 인물이다. 그는 이런 삶이 부끄럽게 여겨져, 집안에서 소유하고 있는 크레타섬의 탄광에 가서 노동자들과 직접 부딪치며 새로운 삶을 경험해 보기로 결심한다.

그는 선착장에서 조르바라는 이름을 가진 건장한 체격의 60대 노인을 만난다. 노인은 자신을 데려가면 그동안 한 번도 맛보지 못한 세상에서 가장 맛있는 수프를 끓여 주겠다며 능청스럽게 다가온다. 화자는 조르바의 강렬한 눈빛에 끌려, 그와의 동행을 수락한다.

조르바는 과거에 보따리장수, 산투르 연주자, 게릴라 요원, 탄광 노동자 등 다양한 직업을 전전하던 떠돌이 신세였다. 전 세계 곳곳에 있는 외로운 과부들의 집을 자신의 집으로 삼았으며, 과거에 결혼도 두어 번 했지만 아내와 자식들의 잔소리 때문에 자신이 좋아하는 산투르 연주에 집중할 수 없어 집을 떠나왔다고 털어놓는다.

조르바는 화자를 '두목'이라 부르기 시작하고, 두 사람은 크레타섬으로 향한다.

## 눈앞의 닭고기 밥을
## 대하는 자세

크레타섬에 도착한 두목과 조르바는 퇴물 카바레 가수 오르탕스 부인이 운영하는 호텔에 묵는다. 그녀는 크레타에 혁명이 일어나 당시 영국, 프랑스, 이탈리아, 러시아 등 유럽 열강이 차례로 개입해 크레타섬을 지배할 때마다 그 나라 군인들의 첩으로 살던 여인이었다. 하지만 지금은 누구의 시선도 받지 못한 채 주름지고 초라한 모습으로 시들어 가고 있었다. 그런데 조르바는 오르탕스 부인을 보자마자 눈을 반짝이며 흥분한다. 그녀를 아름다운 바다의 요정 '세이렌'이라 부르며, 저녁 식사에 초대하기 위해 3인분의 음식을 푸짐하게 준비한다. 삶에 지쳐 있던 오르탕스 부인은 그날 저녁 조르바 일행과 음식과 포도주를 즐기며 시시각각 젊음을 되찾는다. 조르바는 두목에게 이렇게 말한다.

> "모든 여자에게는 나이와 외모를 떠나서 신비롭고 나약한 영혼이 깃들어 있어요. 남자는 그 영혼에 항상 귀 기울여야 하죠."

조르바는 길가에서 여인들을 지나칠 때마다 두목에게 "대체 저 신비의 정체는 뭘까요?"라고 묻는다. 길가에 피어난 꽃이나 냉수 한 잔을 앞에 두고도 마치 처음 본다는 듯 감탄하며 엉뚱한 질문을 던져 댄다. 두목은 조르바를 바라보며, 자신의 머릿속은 얼마나 지루한 관념들로 꽉 채워졌기에 이런 천진한 호기심을 갖지 못하는 걸까 반문한다.

조르바의 열정은 음식 앞에서도 이어진다. 두목은 음식을 앞에 두고 생각에 잠기느라 자신이 뭘 먹고 있는지도 모르는 때가 많았는데, 그럴 때면 조르바가 이렇게 말한다.

> "지금 우리 앞에 있는 건 닭고기 밥입니다. 우리 마음이 닭고기 밥이 되게 해야 합니다. 내일이면 탄광이 우리 앞에 있을 겁니다. 그때 우리 마음은 탄광이 되어야 합니다."

조르바는 두목에게 눈앞의 대상, 감각, 현재에 집중하는 법을 가르쳐 준다. 이제 두목은 처음으로 음식을 먹는 행위의 즐거움을 발견하고, 음식이 육체뿐 아니라 정신을 살찌우는 원료임을 깨닫는다. 두목은 이렇게 조르바의 영향을 받아 관념의 세계에서 차차 감각의 세계로 발을 내딛고 있었다.

## 이념을 말하는 사람
## VS 이념을 살아 내는 사람

두 사람은 본격적으로 탄광 일을 시작하

는데, 경험이 풍부한 조르바가 두목을 대신해 인부들을 감독한다. 두목은 정치적 이념에 얽매인 이념주의자답게 탄광 일이 성공하면 모두가 평등한 공동체 사회를 만들자며 인부들에게 어설픈 평등주의를 설파하고 다닌다. 이런 두목이 못마땅했던 조르바는 어느 날 단호하게 경고한다.

> "세상에서 믿을 수 있는 건 자기 자신뿐이에요. 이념이니 국가니 타인이니 하는 것들은 다 허깨비일 뿐이죠. 그 허깨비들에 대해 더는 떠들고 다니지 마세요."

그러면서 조르바는 자신의 과거 이야기를 들려준다. 그는 한때 그리스 해방군으로 활동하며 국가와 이념의 이름으로 잔혹하게 사람을 죽이고, 방화와 강도 짓도 서슴지 않았다. 그러던 어느 날 자신이 죽인 불가리아인 신부의 아이들이 피투성이가 된 시신 앞에서 흐느끼는 모습을 보고, 번개라도 맞은 듯 충격에 휩싸인다. 자신이 무엇을 위해 이처럼 잔혹한 일을 저질러 왔는지 더는 한마디도 설명할 수 없었다. 조르바는 떨리는 손으로 자신이 가진 모든 것을 아이들에게 내주고 도망쳐 왔다. 국가와 이념의 이름으로 행해지는 모든 행위로부터.

두목은 이야기를 들으며 자신이 머릿속으로만 품어 온 이상과 이념이 조르바가 체득한 생생한 경험과 삶의 지혜에 비하면 얼마나 허망하고 실체가 없는 것인지 깨닫는다. 그는 조르바처럼 '이상과 이념'을 몸소 살아 낸 적이 없었다.

얼마 뒤 두목이 조르바에게 세계를 두루 다니며 얻은 신비로운 경험들을 왜 글로 써서 세상에 들려주지 않냐고 묻자 조르바는 이렇게 대답한다.

> "나는 당신의 이른바 그 '신비'를 살아 버리느라고 쓸 시간을 못 냈어요. 때로는 계집, 때로는 술, 때로는 산투르를 살아 버렸어요. 그러니 내게 쓸 시간이 있었겠어요? … 인생의 신비를 사는 사람들에겐 시간이 없고, 시간이 있는 사람들은 살 줄을 몰라요."

**패배로부터의
해방**

마을에는 이성적인 두목의 마음조차 어지럽히는 아름답고 육감적인 과부가 살고 있었다. 두목은 그녀의 유혹에 넘어가 뜨거운 하룻밤을 보낸다. 그런데 곧 그녀를 짝사랑하던 마을 청년이 자살하는 사건이 발생하고, 마을 남자들은 그녀를 타락한 여자로 몰아 무참히 공개 살해한다. 조르바는 두목의 억지스러운 권유로 오르탕스 부인과 결혼을 앞두고 있었는데, 결혼할 꿈에 부풀어 있던 오르탕스 부인도 갑자기 병에 걸려 시름시름 앓다가 허무하게 세상을 떠난다.

연이어 사랑하는 여인을 잃은 두 남자는 슬픔과 충격을 잊기 위해 탄광 케이블 작업에 전념한다. 하지만 완공식 날, 거대한 케이블 구조물이 눈앞에서 허망하게 무너져 내리며 그들에게 처참한 패배를 안긴다.

막대한 사업 자금마저 날린 두 사람은 모든 것이 무너져 내린 해변에서 완공식을 위해 준비했던 양고기와 빵과 술을 우걱우걱 먹기 시작한다. 음식을 깨끗이 먹어 치우자 두목은 문득 온몸에 피가 돌면서 왕성한 기운이 샘솟는다. 그는 조르바에게 갑자기 춤을 가르쳐 달라고 청한다. 두 사람은 신발을 벗어 던지고 미친 듯이 온몸으로, 온 힘을 다해 춤을 춘다. 슬픔도 실패도 죽음도 절망도 그 순간만큼은 모두 뒤로 밀려나고,

오직 살아 있다는 감각만이 그 자리를 채운다.

두목은 처참한 패배 앞에서도 자신의 내면이 조금도 무너지지 않았다는 것을, 그리고 인생의 어떤 광풍도 먼저 문을 열어주지 않으면 자신을 삼킬 수 없다는 것을 깨닫고 그 어느 순간보다 더 큰 기쁨과 해방감을 느낀다.

**천년을 살아도
풀지 못할 신비**

두목은 탄광 사업이 실패한 뒤 크레타섬을 떠나며 조르바와 아쉬운 작별을 한다. 그 후 조르바는 계속 엽서를 보내오는데, 발신지가 루마니아, 시베리아, 베를린 등 다양했다. 그는 국경과 이념을 넘어 자유로운 방랑자의 삶을 이어 가고 있었다. 어느 날에는 베를린에서 '멋진 녹암을 찾았음, 즉시 오시오'라는 전보가 날아든다. 하지만 쉽사리 행동하지 못하는 이성주의자인 두목은 가야 할 이유보다 가지 못할 이유를 먼저 생각하느라 끝내 조르바에게 달려가지 못한다.

그러던 어느 날 두목은 조르바가 새벽안개 속에 서 있는 꿈을 꾸고는 그의 죽음을 직감한다. 그리고 며칠 뒤, 예감한 대로 그의 죽음을 알리는 편지가 도착한다. 편지에는 그가 남긴 마지막 말이 있었다.

'내 평생 별짓을 다 해 봤지만, 아직도 못 한 게 있소. 아, 나 같은 사람은 천년을 살아야 하는 건데⋯.'

♦

죽음을 코앞에 두고도 삶에 대한 열정과 호기심을 놓지 않았던 조르바는 우리에게 말한다. 이것저것 재면서 생각만 하지 말고 일단 삶과 사랑 속으로 풍덩 뛰어들라고. 나이 앞에서도, 다가올 죽음 앞에서도, 크고 작은 실패 앞에서도 삶에 대한 열정과 호기심을 놓지 말라고. 우리가 백 살을 꽉 채워 살더라도 세상은 여전히 풀지 못할 신비로 가득할 것이고, 우리는 매일매일 질문을 던져야 할 것이다. '대체 저 신비의 정체는 뭘까?'라고. 그러니 우리도 조르바처럼 마지막 순간까지 힘껏 삶을 움켜쥐며 그 '신비'를 살아 내야 하지 않을까.

## 20

'세상의 시선보다
나의 꿈!'을 외치는
당신에게

달과 6펜스
서머싯 몸

❖ 등장인물

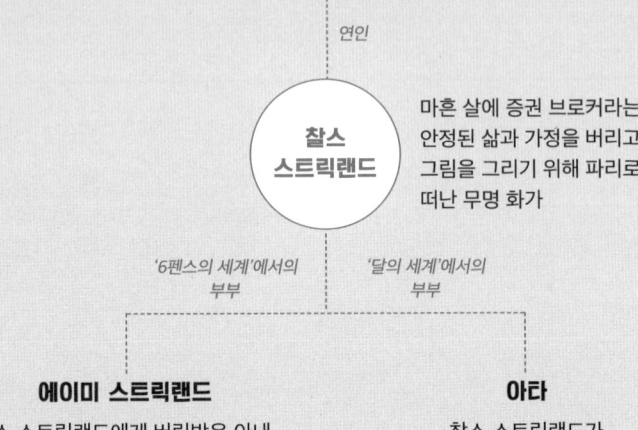

**더크 스트로브**
찰스 스트릭랜드의
천재성을 꿰뚫어 본
파리의 화가. 찰스에게
부인을 빼앗김

부부

**블란치 스트로브**
찰스 스트릭랜드에게 반해
남편인 더크 스트로브를 버리는 여인.
찰스의 자유로운 예술 활동을
방해하는 '속박'을 상징

연인

**찰스 스트릭랜드**
마흔 살에 증권 브로커라는
안정된 삶과 가정을 버리고
그림을 그리기 위해 파리로
떠난 무명 화가

'6펜스의 세계'에서의 부부

'달의 세계'에서의 부부

**에이미 스트릭랜드**
찰스 스트릭랜드에게 버림받은 아내.
사회적 체면과 명성을 중시하는
세속적인 인물

**아타**
찰스 스트릭랜드가
타히티섬에서 만나 결혼한 여인

**6펜스의 세계**
돈과 물질 등
세속적인 가치를
좇는 세계

VS

**달의 세계**
원시적 열정, 꿈,
창조 본능을
따르는 세계

"나는 언젠가 모든 욕정에서 벗어나
아무런 방해도 받지 않고
내 일에 온 마음을 쏟을 수 있는 때가 있었으면 하오."

## 작품의 시대적 배경

《달과 6펜스》는 제1차 세계대전이 끝난 직후인 1919년에 출간되었다. 전쟁은 유럽 전역에서 도덕과 정의, 사회적 규범에 대한 신뢰를 완전히 무너뜨린 사건이었다. 인간을 보호해 줄 거라고 믿어 온 모든 가치가 무자비한 폭력으로부터 인간을 보호하지 못한다는 사실이 만천하에 드러났기 때문이다. 그 결과 유럽 전체에 '사회가 요구하는 삶'에 대한 회의가 고조되었고, 대안으로 개인의 본능과 자유가 문학과 예술의 핵심 주제로 떠올랐다. 이때부터 작가들은 계몽주의에서 벗어나 욕망, 무의식, 창작 본능 같은 인간 내면의 세계를 활발히 탐구하기 시작했다. 《달과 6펜스》의 주인공 찰스 스트릭랜드는 이러한 시대적 배경 속에서 탄생한 인물이다. 그는 사회적 규범과 책임을 완전히 거부하고, 원초적 충동과 예술을 향한 절대적 몰입으로 나아간다.

◆

이 세상의 예술가는 크게 두 부류로 나눌 수 있다. 첫째는 돈과 명성을 위해 자신의 예술적 재능을 세상의 기대치에 맞추려 애쓰는 부류다. 둘째는 그 어떤 외적 기준에도 얽매이지 않고 자신만의 치열한 창작 본능을 쏟는 데만 집중하는 부류다. 이들은 정작 결과물에 대한 사람들의 반응이나 세속적인 성공에는 크게 관심을 두지 않는다.

《달과 6펜스》를 쓴 영국 작가 윌리엄 서머싯 몸(1874-1965)은 아마도 전자에 가까운 예술가였을 것이다. 그는 유복한 외교관 집안에서 태어나 그 시대 유럽 문단에서 가장 높은 원고료를 받는 스타 작가로 떠올랐고, 대중의 시선을 의식해 항상 최고급 슈트만 입고 다녔다. 프랑스 남부 리비에라 해안에 '빌라 모레스크Villa Mauresque'라 불리는 호화 저택을 얻어 당대 예술가와 지성인들이 드나드는 사교계의 요새를 만들기도 했다. 작가 본인이 이런 세속적인 성공과 인기를 추구하지 않았다면 얻지도 못했을 것이다.

유럽 문단의 중심 같은 화려한 겉모습과 달리 그의 내면에는 불안정한 요소도 적지 않았다. 열 살도 되기 전에 부모를 모두 잃은 고아가 되어 냉담한 성직자 숙부 밑에서 자라야 했고, 불륜으로 시작된 유부녀와의 결혼 생활은 13년 만에 파탄에 이르렀다. 그는 당시 보수적인 영국 사회에서는 좀처럼 받아들여지기 힘든 양성애자였는데, 이혼 후 주로 동성 연인들과 함께했지만 대중 앞에서는 성 정체성을 숨기느라 극심한 압박을 받았다.

이런 압박은 그에게 사회적 시선으로부터의 완전한 자유를 갈망하게 만들어, 결국 대표작인 《달과 6펜스》에서 모든 사회적 인습과 기대를 벗어나 오직 자신만의 창작 본능에 따라 자유롭게 살아가는 인물 '찰스 스트릭랜드'를 탄생시킨다.

작품의 제목인 '달과 6펜스'는 두 개의 상반된 세계를 상징한다. '달'은 통제할 수 없는 원시적인 열정과 창조 본능을 따르는 세계다. 작가가 프랑스의 후기인상파 화가인 폴 고갱의 삶에서 영감을 얻어 이 세계를 구축했다고 전해진다. 폴 고갱과 찰스 스트릭랜드는 둘 다 증권 브로커라는 직업을 버리고 갑자기 화가로 전향해, 문명 세계에서 가장 멀리 떨어진 남태평양의 타히티섬에서 작품 활동을 했다는 공통점이 있다. '6펜스'는 세속적인 가치가 가장 중요하게 떠받들어지는 돈과 물질의 세계다. 찰스를 제외한 거의 모든 등장인물, 어쩌면 우리 대부분이 속한 세계이기도 하다.

제1차 세계대전 직후인 1919년에 발표된 이 작품은 사회적 인습을 박차고 나와 '달'의 세계로 탈출한 주인공 찰스의 모습으로 전쟁 이후 새로운 삶을 꿈꾸던 유럽의 젊은이들에게 뜨거운 반향을 불러일으켰다.

이야기는 마흔 살의 찰스 스트릭랜드가 아직 '6펜스의 세계'에 발을 담그고 있는 영국 런던에서 시작된다.

### '달'을 향한 첫걸음

소설 속 화자이자 작가인 '나'는 런던 사교계에서 문학에 관심이 많은 에이미 스트릭랜드 부인과 자주 어울린다. 그녀의 남편 찰스 스트릭랜드는 투박하고 성실해 보이는 증권 브로커였다.

여름 휴가철이 끝난 어느 날, 런던 사교계가 발칵 뒤집힌다. 17년간 가정을 지켜 온 찰스가 부인과 아이들을 버리고 내연녀와 함께 파리로 도망쳤다는 소문이 퍼졌기 때문이다. 스트릭랜드 부인은 나를 불러 자신은 절대 이혼할 생각이 없으니 파리에 가서 남편을 설득해 데려와 달라고 부탁한다. 남편이 돌아와야 사람들도 더는 쑥덕대지 않을 거라는 말도 덧붙인다. 나는 이런 충격적인 상황에서도 세상의 평판을 먼저 걱정하는 스트릭랜드 부인의 태도에 불편함을 느낀다. 남편을 진심으로 사랑해서가 아니라 그저 구설수를 피하고 싶어서 되찾으려는 것처럼 보였다. 나는 썩 내키지는 않았지만 부인과의 친분 때문에 어쩔 수 없이 찰스를 설득하러 파리로 향한다.

  파리에서 찾은 찰스는 빈민가의 지저분한 여관에 혼자 머물고 있었다. 나는 그에게 왜 갑자기 처자식을 버리고 떠났냐고 물었고, 찰스는 단호하게 답한다.

  "그림을 그리고 싶어서 떠나왔소."

나는 마흔에 접어든 남자가 이런 말을 할 수 있다는 사실에 깜짝 놀란다. 이제 와서 새로운 일을 시작하기에는 너무 늦었고, 그림으로 생계를 유지하기도 쉽지 않다고 설득하지만 찰스의 생각은 변함없다.

  "나는 그림을 그려야 하오. 그리지 않고는 못 배기겠단 말이오. 물에 빠진 사람이 헤엄을 잘 치고 못 치고가 무슨 상관이오? 우선 헤어 나오는 게 중요하지."

그의 목소리에서 누구도 깨부술 수 없는 비장한 열정을 감지한 나는 결국 설득을 포기하고 런던으로 돌아온다. 그리고 스트릭랜드 부인에게 남편은 바람난 것이 아니라 화가의 꿈을 이루기 위해 떠난 것이라고 전해 준다.

  스트릭랜드 부인은 이런 남편을 저주하며, 혼자 힘으로 타이

피스트 사무실을 열어 생계를 꾸려 나가기 시작한다. 그녀는 달아난 남편이 있다는 사실을 감추기 위해 자신이 좋은 집안 출신이며 케임브리지대학에 다니는 아들과 예쁜 딸을 두었다는 사실을 과시하듯 입에 달고 산다. '6펜스의 세계'에 사는 사람들이 타인과 스스로를 기만하며 고통을 이겨 내는 방식이다.

## 파리의
## 고독한 천재

5년 뒤, 나는 런던 생활에 싫증을 느껴 파리로 간다. 그곳에서 예전부터 알고 지내던 화가 친구 더크 스트로브와 자주 어울리는데, 그는 차분한 영국인 아내 블란치와 몽마르트르에 살고 있다. 더크는 별 볼 일 없는 그림만 그리는 못생기고 재능 없는 화가지만, 뛰어난 예술 작품을 알아보는 놀라운 심미안을 가진 이중적인 인물이다. 놀랍게도 그는 아직 누구도 알아보지 못한 찰스의 천재성을 일찌감치 간파한다.

파리의 찰스는 매일 빵 한 조각으로 끼니를 때우면서 돈이 떨어지면 닥치는 대로 잡일을 하며 미친 듯이 그림을 그려 댄다. 그런데 그림을 다른 사람에게 보여 주지도 팔지도 않는다. 자신의 격렬한 열정을 캔버스에 온전히 쏟아 내는 것이 중요할 뿐 결과물에 대한 다른 사람들의 평가나 인정에는 조금도 관심이 없다.

그러던 어느 날 찰스는 초라한 여인숙에서 고열에 시달리며 앓아눕는다. 이 천재 화가를 딱히 여긴 더크는 그를 자신의 집으로 데려와 정성스럽게 돌보는 오지랖을 발휘한다.

## 사랑은 속박,
## 예술은 자유

찰스를 도우려는 더크의 따뜻한 마음에도 불구하고 곧 찰스와 더크, 그리고 그의 아내 블란치 사이에 큰 사달이 난다. 블란치가 병든 찰스를 돌보다 그와 사랑에 빠지고, 어느 날 갑자기 남편에게 가정을 깨고 찰스를 따라가겠다고 선언한 것이다. 더크는 울며불며 매달리지만, 그녀의 결심은 단호하다.

나는 이 이야기를 들으며 블란치가 남성적인 기질이 강한 찰스에게 성적으로 끌렸을 거라고 직감한다. 하지만 찰스가 그녀에게 빠졌을 거라는 생각은 들지 않는다. 사랑이란 누군가에게 사로잡혀 꼼짝 못 하는 상태인데, 찰스는 그런 상태를 견딜 수 있는 사람이 아니기 때문이다. 나의 예상대로 찰스와 블란치의 관계는 곧 종말을 맞는다. 두 사람이 크게 다투고 찰스가 집을 나가 버리자 블란치가 이를 비관해 스스로 목숨을 끊은 것이다.

나는 찰스에게 왜 자신을 정성껏 돌봐 준 친구와 여인을 배신했냐고 따져 묻는다. 그러자 찰스는 처음에는 성적 욕망 때문에 블란치에게 끌렸지만, 그녀가 자신보다는 자신을 지배하는 데 점점 더 관심을 가져서 벗어날 수밖에 없었다고 항변한다. 찰스에게 '그림 그리는 자유'를 방해하는 모든 존재는 그저 속박처럼 여겨졌을 뿐이다.

## 타히티섬에서 완성된 '달의 세계'

찰스는 블란치가 죽은 뒤 파리를 떠나 마르세유로 간다. 그곳에서 막일을 하는 노동자 무리와 다툼이 벌어지자 이를 피하려고 타히티섬으로 떠나는데, 그때 그의 나이 마흔일곱이었다. 그는 타히티섬에서 열일곱 살의 원주민 소녀 아타와 결혼해, 고기를 잡고 야생 오렌지를 따 먹으며 그림을 그리는 원시적인 삶을 살아간다. 타히티섬은 원시적인 창작 본능의 세계인 '달의 세계'가 형상화된 곳이기도 하다.

하지만 이런 행복도 잠시뿐, 찰스가 곧 문둥병에 걸리고 만다. 아타는 그를 떠나지 않고 헌신적으로 돌본다. 병이 진행되며 눈까지 멀지만, 찰스는 한 번도 신세 한탄을 하거나 낙담하지 않는다. 그저 묵묵히, 차분하게 죽음을 향해 간다.

찰스가 세상을 떠난 뒤 마을 의사가 그의 오두막을 찾는데, 집 안을 가득 채운 기이하고 정교한 그림들을 보고 전율에 휩

싸인다. 의사는 그림을 본 느낌을 나중에 이렇게 전해 준다.

"그 사람이 그린 나무들은 주변에서 매일 보던 흔한 나무였는데, 그 그림을 보고 난 뒤로는 나무들이 완전히 달라 보이더군요. 마치 그 속에 무언가 잡히지 않는 영혼이나 신비가 깃들어 있는 것 같았어요. 색채들도 눈에 익은 색채들이었지만, 저마다 어떤 고유한 의미를 지닌 듯했어요."

나는 그 말을 들으며, 찰스가 오두막의 마지막 작품에 자신의 모든 것을 쏟아 낸 뒤 비로소 완전한 해방감을 느꼈으리라 생각한다. 그 완전한 해방감은 오직 찰스만의 것이고, 찰스는 그것을 굳이 세상과 나누려 하지 않았을 것이다. 그래서 아타에게 자신이 죽으면 작품이 그려진 오두막에 불을 질러 달라는 유언을 남겼고, 아타는 그의 뜻대로 최후의 걸작이 담긴 오두막에 불을 지른다.

## '6펜스의 세계'에 남겨진 사람들

찰스가 죽고 나서 파리의 유명한 비평가가 그의 천재성을 재조명하는 평론을 발표한다. 이후 찰스는 갑자기 '비운의 천재 화가'로 떠오르며 유명세를 치른다. 그리고 그가 '달의 세계'에서 겪었던 굶주림과 고뇌와 열정을 조금도 이해하지 못할 '6펜스의 세계' 사람들이 그의 작품을 박물관과 고급 갤러리에서 과시하듯 감상하기 시작한다. 그가 버렸던 스트릭랜드 부인은 언론 인터뷰에서 자신이 '천재의 아내'였다는 사실을 자랑스럽게 내세우며 작품은 막을 내린다.

◆

대부분의 사람은 스트릭랜드 부인이 속한 '6펜스의 세계'에서 살고 있다. 돈과 명예, 성공을 얻기 위해 평생 스스로를 포장하고, '타인의 인정'을 전제로 한 제한된 자유만을 누리면서 말이다. '달의 세계'의 찰스는 겉보기에는 무책임하고 거친 삶을 살았지만, 결국 누구의 평가나 시선에도 얽매이지 않고 자신만의 걸작을 완성했을 때 얼마나 큰 해방감과 자유를 느꼈을까? 그것은 '6펜스의 세계'에서 누릴 수 있는 한시적이고 제한적인 자유와는 결코 비교할 수 없을 것이다.

자신만의 꿈을 향해 가고 있다는 확신은 세상의 시선, 고통과 질병, 죽음에 대한 두려움에서조차 우리를 자유롭게 해 준다고 찰스는 말하고 있다.

혹시 내게도 차마 용기를 내지 못해 외면한 '달의 세계'가 있지는 않은지, 지금 내가 타인의 평가에 기대어 누리는 잠깐의 안도와 타협이 진짜 자유인지, 스스로에게 묻게 하는 작품이다.

# 21

아주 평범한 삶을 사는
아주 평범한 당신에게

**스토너**
존 윌리엄스

❖ 등장인물

### 윌리엄 스토너

농부의 아들로 태어나 대학에서
영문학을 가르치는 조교수로
평생을 살아간 인물

### 이디스

스토너의 아내.
사랑 없는 결혼 생활을 이어 감

### 그레이스

엄마 이디스의 극심한 통제 아래
불행한 삶을 사는 스토너의 딸

### 캐서린

스토너의 유일한 사랑

### 로맥스 교수

윌리엄을 제치고 학과장이 된
정치적이고 권위적인 인물

## 윌리엄 스토너의 평범한 삶

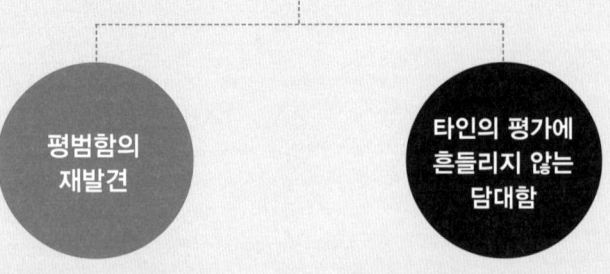

**평범함의 재발견**

"평범해도 괜찮아."

**타인의 평가에 흔들리지 않는 담대함**

"남들이 뭐라고 해도 괜찮아."

윌리엄 스토너는 1910년 열아홉의 나이로 미주리대학에 입학했다. 8년 뒤, 제1차 세계대전이 한창일 때 박사 학위를 받고 같은 대학 강사가 되어 1956년 세상을 떠날 때까지 강단에 섰다. 그는 조교수에서 더 승진하지 못했으며, 그의 강의를 들은 학생들 가운데 그를 조금이라도 선명하게 기억하는 사람은 거의 없었다.

윌리엄 스토너라는 평범한 남자의 일대기를 그린 소설《스토너》(1965)는 출간 당시에는 큰 주목을 받지 못했지만, 2000년대 들어 역주행 인기를 얻으며 베스트셀러가 되었다. 미국 텍사스주 출신의 작가 존 윌리엄스(1922-1994)는《스토너》의 주인공처럼 대학에서 30여 년간 문학을 가르쳤으며, 교직 생활에 대한 소박한 열정을 작품 속에 고스란히 담아냈다.

스토너는 정치나 실리와 타협하지 않고, 오직 문학과 교육에만 열정을 쏟고 헌신하는 인물이다. 남들이 보기에는 번듯한 지위 하나 없이 평생 아웃사이더 조교수에 머물렀고, 화목한 가정을 꾸리는 데도, 사랑을 지키는 데도 실패한 인물이다. 우리 주변에서 흔히 볼 수 있는 서툴고 고지식하며 실패투성이인 이 인물의 이야기가 오늘날 전 세계 독자들의 마음을 사로잡은 가장 큰 이유는 아마도 '평범함의 재발견' 때문일 것이다. 스토너는 요란한 성공담 없이도 자기 자리에서 묵묵히 최선을 다하는 평범한 삶의 아름다움을 보여 준다. 끊임없이 성공을 강요받는 시대에 '성공하지 않아도 삶은 충분히 의미가 있다'는 메시지가 큰 위안으로 다가온다.

이 작품은 '타인의 평가에 흔들리지 않는 담대함'이라는 또 다른 중요한 주제를 전한다. 스토너는 남들이 뭐라든 자신이 사랑하는 문학과 강의를 끝까지 포기하지 않으며, 남들의 변덕스러운 시선보다 자신의 '작지만 단단한 신념' 앞에 부끄럽지 않은 삶을 살려고 노력한다. 스토너의 모습은 소셜미디어를 활용해 끊임없이 자신을 드러내려다 결국 '타인의 시선'이라는 감옥에 갇혀 버리는 오늘날의 우리에게 낯설지만 묵직하게 다가온다.

존 윌리엄스는 스토너를 두고, "나는 그를 그 어떤 영웅보다 더 영웅적인 존재로 본다"라고 말했다. 타인의 평가나 실패에 흔들리지 않고 끝까지 묵묵히 자신의 길을 걷는 것, 이것이 바로 이 작품이 전하고자 하는 인간의 진짜 위대함이다.

윌리엄 스토너의 '아주 평범한 이야기'는 1910년대 미국 미주리주에서 시작된다.

## 문학, 삶을 변화시키다

농부의 아들로 태어난 윌리엄 스토너는 선진 농사법을 배워 오라는 아버지의 권유로 미주리주 컬럼비아에 있는 미주리대학교 농과대에 진학한다. 학업에 별다른 흥미를 느끼지 못하던 어느 날, 영문학 개론 수업에서 셰익스피어의 시를 접하고 문학이 삶을 더 깊이 이해하게 만드는 힘을 지녔다는 사실을 깨닫는다. 흥분에 사로잡힌 그는 그때부터 농과대 커리큘럼은 뒤로한 채 인간과 삶에 대한 통찰을 얻을 수 있는 영문학에 푹 빠져 산다. 이전까지는 자신이 척박한 땅처럼 수동적인 사람이었지만, 이제 문학을 통해 세상과 능동적으로 소통하고 있음을 느낀다.

스토너의 변화와 열정을 눈여겨본 영문학과의 아처 교수가 그에게 전공을 바꾸고 자신처럼 교육자의 길을 걸으라고 제안한다. 결국 스토너는 그의 지도 아래 영문학 학사 학위를 받고, 아들이 농부로 돌아오기를 기대했던 부모님의 뜻을 저버리고 대학에 남는다. 그는 강사 일로 돈을 벌며 대학원 과정에 진학한다.

## '이 결혼은 실패작'

스토너는 어느 교직원 파티에서 부유하고

보수적인 은행가 집안에서 자란 아름다운 여인 이디스를 만나 첫눈에 반한다. 두 사람은 곧 결혼식을 올리고, 학교 근처에 방 하나가 딸린 작은 신혼집을 얻어 결혼 생활을 시작한다. 그런데 보수적인 환경에서 자라 성에 무지했던 이디스는 남편의 욕망은 외면한 채 하루 종일 집안일에만 매달리고, 스토너가 다가가기도 전에 지쳐 쓰러지기 일쑤였다. 스토너는 곧 깨닫는다.

> 그는 한 달도 안 돼서 이 결혼이 실패작임을 깨달았다. 그리고 1년도 안 돼서 결혼 생활이 나아질 것이라는 희망을 버렸다. 그는 침묵을 배웠으며, 자신의 사랑을 고집하지 않았다.

결혼 생활에 안착하지 못한 스토너는 워커홀릭처럼 수업과 연구에만 매달리고, 4년 뒤에야 두 사람 사이에서 딸 그레이스가 태어난다. 스토너는 아이를 보자마자 사랑에 빠져, 이디스에게 줄 수 없던 사랑을 쏟아붓는다. 그는 출산 후 오랫동안 앓아누운 이디스를 대신해 살림을 하고 아이를 돌보며 엄마 같은 아빠 역할을 자처한다.

그런 중에도 틈틈이 글을 써서 첫 책을 출판한다. 덕분에 조교수로 승진해 종신 교수 자리를 얻고, 학생들 사이에서도 인기 교수로 자리 잡는다. 이디스는 남편이 종신 교수가 되자마자 더는 기저귀 냄새로 가득한 비좁은 집에서 살 수 없다며 아버지에게 6000달러를 빌려 정원이 딸린 이층집을 장만한다. 얼마 뒤에는 머리를 단발로 싹둑 자르고 극단에 들어가 디자이너 겸 배우로 활동하며, 자유분방한 극단 사람들을 집으로 마구 불러들인다. 스토너는 이런 이디스의 변화가 성가셨지만, 그녀에게 결혼 생활의 의미를 찾게 해 주지 못한 자신에게도 책임이 있다고 생각하며 아무 말 없이 지켜볼 뿐이다.

이런 스토너의 무반응에 화가 난 이디스는 갑자기 극단 활동을 접고 육아에 전념하겠다고 선언한다. 그러고는 스토너가 사랑하는 딸 그레이스를 숨 막히게 통제하기 시작한다. 아이를 예쁜 옷으로 치장하고, 억지로 피아노를 가르치고, 아빠와 함께 보낼 친밀한 시간을 좀처럼 주지 않는다. 그레이스는 엄마의 극단적인 통제 아래서 점점 어두워지고, 그럴수록 스토너와 이디스의 사이는 더욱 멀어진다.

## 한 번의 사랑, 영원한 상실

스토너는 한 학생의 박사 과정 통과 문제를 두고 학과 내에서 정치적 입지가 강한 로맥스 교수와 첨예하게 대립한다. 누구보다 문학에 진심이었던 스토너는 그 학생에게 문학에 대한 열정과 성실함이 결여되어 있음을 간파하고 통과를 반대하지만, 로맥스 교수의 지지를 등에 업은 그는 결국 심사를 통과한다. 얼마 뒤 로맥스 교수가 영문과 학과장으로 임명되면서 스토너의 수난이 시작된다. 상급 학년과 대학원 수업을 맡아 오던 스토너가 졸지에 초보 강사처럼 저학년 기초 과목만 배정받은 것이다. 학과장과 불편한 관계라는 사실을 눈치챈 학생들도 더는 스토너에게 다가오지 않는다.

스토너는 입지가 좁아지면서 학교를 떠나는 것까지 고민하지만, 이디스는 컬럼비아의 집과 친구들을 버리고 다른 도시로 갈 수 없다고 으름장을 놓는다. 그리고 권태와 무력감이 스토너를 엄습한다.

> 이제 마흔두 살인 그의 앞날에는 즐겁게 여길 만한 것이 전혀 보이지 않았고, 뒤를 돌아보아도 굳이 기억하고 싶은 것이 별로 없었다.

바로 그때 스토너의 인생에 캐서린이 나타난다. 20대 강사 캐서린의 논문 지도를 맡으며 가깝게 지내다 사랑에 빠진 것이다. 그녀는 스토너의 생각과 신념을 처음으로 온전히 이해해 준 사람이었고, 무관심과 실패로 점철된 과거의 삶을 잊게 해 준 사람이었다. 곧 주변에서 두 사람의 관계를 두고 수군댔지만, 그들은 함께할 때의 행복이 너무나 커서 바깥세상에 대해 생각하려 하지 않았다. 이디스는 스토너가 가정을 버릴 사람이 아니라는 것을 알기에 그저 냉담히 지켜볼 뿐이었다.

그러던 중 로맥스 학과장이 두 사람의 관계를 빌미로 캐서린을 해고하려 한다는 소식이 들려온다. 자신의 권위에 좀처럼 굴복하지 않는 스토너를 눈엣가시처럼 여겨 온 로맥스가 스토너가 사랑하는 캐서린을 직접 겨냥하고 나선 것이다.

서로를 너무나 사랑했기에 서로의 모든 것을 온전히 지켜 주고 싶었던 두 사람은 결국 사랑의 도피가 아닌 현실의 이별을 택한다. 캐서린은 어느 날 사직서를 써서 영문과 사무실에 우편으로 보내고, 오후 2시 기차에 몸을 싣고 컬럼비아를 홀연히 떠나 버린다. 그해 여름 스토너는 생애 처음으로 원인 모를 엄청난 고열에 시달리다 한쪽 귀까지 멀고, 주변 사람들이 알아보지 못할 정도로 급속히 늙어 간다.

이후 캐서린의 소식을 들은 것은 딱 한 번뿐이었다. 10년도 더 지난 어느 날, 다른 대학에서 교편을 잡고 있는 캐서린이 책을 출간했다는 소식을 접한 것이다. 스토너가 떨리는 손으로 책의 첫 장을 펼치자 'W. S.에게'라고 윌리엄 스토너의 이니셜이 적혀 있었다.

조금 전까지 그녀와 함께 있다 온 것 같았다. 방금 그녀를 만졌던 것처럼 손이 저릿했다. 그 상실감, 그가 너무나 오랫동안 속에 담아 두었던 그 상실감이 쏟아져 나와 그를 집어삼켰다.

## 실패 너머, 누구도 흔들 수 없는 삶

로맥스 학과장의 견제로 스토너는 계속 저학년 기초 과목만 배정받는 수모를 겪는다. 그러나 이에 굴하지 않고 일부러 고급 과정 교재를 사용해 저학년 학생들에게도 깊이 있는 강의를 이어 가고, 학생들은 점차 그의 강의에 빠져든다. 결국 학교 측은 스토너의 강의를 더는 외면할 수 없게 되어, 마지못해 다시 대학원 고급 과정을 맡긴다. 문학과 수업에 대한 열정 앞에서 그 어떤 권력과도 타협하지 않는 신념을 보여 준 것이다.

세월이 흘러 예순세 살이 된 스토너는 암 선고를 받고, 자신의 병을 널리 알리고 싶지 않아 퇴직을 선언한 뒤 집에서 조용히 죽음을 기다린다. 죽어 가는 그의 곁에 오랜 세월 히스테리컬한 엄마의 통제에 짓눌려 살다 사랑하지도 않는 남자의 아이를 가진 채 다른 도시로 떠났던 딸 그레이스가 찾아온다. 전쟁에 참가했던 남편을 잃고 술에 빠져 사는 그녀는 아버지를 실망시켜서 미안하다며 울먹인다. 스토너는 "넌 항상 거기 있었다"라고 말하며, 삶의 매 순간 자신에게 힘이 되어 준 딸의

실패를 따뜻하게 감싸 준다.

그는 침대 위에서 남들이 보기에 실패한 듯 보이는 자신의 삶을 조용히 되돌아본다. 교육에 대한 원대한 열정이 있었지만 몰려드는 시시한 일들에 정신을 빼앗겨야 했고, 행복한 가정을 원했지만 아내와 딸은 자신 곁에서 행복하지 않았으며, 사랑을 원했지만 인생 단 하나의 사랑인 캐서린을 떠나보내야 했다. 그는 계속 생각한다.

넌 무엇을 기대했나? 그는 다시 생각했다. 기쁨 같은 것이 몰려왔다. 여름의 산들바람에 실려 온 것 같았다. 그는 자신이 실패에 대해 생각했던 것을 어렴풋이 떠올렸다. 그런 것이 무슨 문제가 된다고. 이제는 그런 생각이 하잘것없어 보였다. 그의 인생과 비교하면 가치 없는 생각이었다.

스토너는 깨닫는다. 남들이 뭐라든, 어떤 실패를 겪었든, 문학과 교육에 대한 성실함과 열정을 한결같이 지켜 낸 자신의 인생은 누구도 뒤흔들 수 없다는 것을. 그는 조용히, 자신의 일부가 오롯이 담긴 책을 펼치며, 평온히 삶을 마감한다. 소설은 여기서 막을 내린다.

♦

누구나 홀로 맞이해야 하는 삶의 마지막 순간, 우리를 응시하고 심판하는 이는 다른 누군가가 아닌 바로 우리 자신일 것이다. 그렇기에 작가는 살아가는 동안 남들 눈에 비치는 성공이나 실패에 집착하기보다는 자신만의 성실하고 의미 있는 삶을 살아 내는 것이 중요하다고 말한다. 그렇게 살아간다면 비록 실패로 이어진 평범한 인생일지라도 삶의 마지막 순간에 스토너처럼 지나온 삶을 평온하게 보듬을 수 있을 것이다. 우리의 삶은 우리의 실패보다 훨씬 큰 의미가 있으니까.

## 22

'나 홀로 방황'을
거듭하는
당신에게

싯다르타
헤르만 헤세

❖ 등장인물

**싯다르타** ┄┄┄┄┄┄ **카말라**

인도에서 가장 높은 계급인
브라만의 아들로 태어나
'숲-도시-강'을 거치는
수행길에 오르는 인물

싯다르타가 도시에서 만난
아름다운 기생.
싯다르타의 연인

**어린 싯다르타**

싯다르타와 카말라의 아들.
싯다르타의 사랑을 끝내 외면함

**바주데바**

싯다르타가 강가 나루터에서
만난 노인. 말년의
싯다르타 친구이자 스승

숲 — 정신적 수행의 세계 → 도시 — 육신과 감각의 세계 → 강 — 정신과 육신, 모든 생명을 포용하는 세계

> "이제 돌이켜 보니 예전에는 내 마음이
> 너무 병들어 있었기 때문에 사람이건 사물이건
> 아무것도 사랑할 수 없었던 것이 아닌가 하는 생각이 든다."

《싯다르타》(1922)는 제목만 보면 얼핏 불교 소설 같지만, 실제로는 한 남자가 온 생을 바쳐 삶의 의미를 찾아가는 성장 소설이다. 작가 헤르만 헤세(1877-1962)는 독일 남부의 저명한 기독교 신학자 집안에서 태어났다. 어린 시절부터 시와 음악을 사랑하는 자유로운 영혼이었던 그는 가족의 뜻에 따라 신학교에 들어갔지만, 엄격한 규율과 강압적인 분위기에 적응하지 못하고 학교를 그만둔다. 이때부터 획일화된 신앙 교육에 반발하며, 진리는 외부가 아닌 자기 안에서 탐색해야 한다는 믿음을 품는다. 선교사인 외조부의 영향으로 인도와 아시아 등지를 여행하며 개인의 자발적인 깨달음을 강조하는 동양 사상과 불교문화에도 깊은 관심을 갖는다.

《싯다르타》가 발표되기 직전, 독일은 제1차 세계대전(1914-1918)을 치르며 온 나라가 민족주의와 전쟁의 열기로 들끓었다. 대다수의 문인과 달리 전쟁을 공개적으로 반대했던 헤세는 독일 내에서 '매국노, 배신자'라는 낙인이 찍혀 사회적으로 철저히 고립되었다. 이 시기에 아내와 아들의 정신 질환에 이어 헤세 또한 우울증에 시달리며 가족과 내면의 붕괴도 경험한다. 결국 전쟁 직후인 1919년 자신을 배척한 조국을 떠나 스위스로 망명했고, 평생 독일 국적을 회복하지 않았다. 제2차 세계대전 직후인 1946년 노벨문학상을 수상할 때도 스위스 국적으로 영예를 누렸다. 이러한 고통과 고립 속에서 탄생한 작품이 바로 《싯다르타》인데, 아이러니하게도 이 작품은 고립이 아닌 세상과의 유대와 연결을 통해 진정한 성장을 이룰 수 있다는 메시지를 담고 있다.

이 소설에서 주인공 싯다르타는 삶의 진정한 의미를 찾기 위해 세 개의 세계를 거친다. 처음에는 '숲'이라는 정신적 수행 공간에서 금욕과 명상에 집중하지만, 내면의 평화를 얻지 못한다. 이후 '도시'라는 정반대의 세계로 가서 육체적 쾌락과 감각에 집중하지만, 타인과의 진정한 교감 없이 허무만을 경험한다. 두 세계 모두에서 삶의 의미를 발견하지 못한 헤세는 마지막으로 '강'이라는 포용의 공간에 이른다. 그는 이곳에서 삶이란 홀로 무언가를 이루는 것이 아니라 타인과 희로애락을 나누며 함께 나아가는 것임을 깨닫고, 비로소 마음의 평화를 얻는다.

철저하게 고립된 헤세가 궁극적으로 도달하고자 했던 '유대와 연결의 세계'는 무엇일지, 이야기는 인도의 한 브라만 가문에서 시작된다.

## 숲 _ 정신적
## 수행의 세계

인도 카스트 제도에서 가장 높은 계급인 브라만 가문에서 태어난 싯다르타는 가족과 친구들의 사랑을 듬뿍 받으며 자란 총명하고 고고한 청년이다. 겉으로 보기에는 부족함이 없어 보였지만, 그는 언젠가부터 주변 사람들의 변덕스러운 사랑이나 우정에 기대서는 결코 영원한 마음의 평화를 얻을 수 없다고 생각한다. 깨지지 않는 마음의 평화에 도달하고 싶은 갈망이 싹튼 것이다.

어느 날, 한 무리의 바싹 마른 탁발승이 인간 세계와 동떨어진 듯한 초연한 모습으로 싯다르타의 곁을 지나간다. 싯다르타는 그 모습에 매혹되어 자신도 이들처럼 살아간다면 현실 세계의 불안과 갈증에서 벗어날 수 있으리라 확신한다. 그래서 아버지의 반대를 무릅쓰고 집을 나와 탁발승 무리에 합류한다.

탁발승이 된 싯다르타는 '숲'이라는 정신적 수행 공간에서 지낸다. 이곳에서는 타인과의 관계를 단절하고 육신과 감각의 의미를 완전히 지워야 했다. 육신과 감각이야말로 인간이 느끼는 모든 고통의 근원이라 여겨졌기 때문이다. 싯다르타는 몸에서 피고름이 날 때까지 가시덤불에 앉아 있거나 뼈만 남을 때까지 오랜 단식을 견디는 등 육체적 고통과 감각을 무너뜨리는 데 집중한다. 하지만 아무리 육신으로부터 자유로워지려 해도 매일 아침 눈을 뜨면 여전히 육신 안에 갇힌 자신을 발견할 뿐이었다. 그는 인간이 육신을 가지고 태어난 이상 육신으로부터 완전히 자유로울 수는 없다는 모순을 깨닫는다.

그러던 어느 날, 불가의 유명한 현인으로부터 진정한 깨달음은 외부의 가르침이나 극단적인 고행이 아니라 자기 삶의 고유한 경험을 통해 스스로 얻어야 하는 것이라는 가르침을 듣는다. 싯다르타는 그제서야 극단적인 정신적 수행만으로는 완전한 평화에 이를 수 없다는 사실을 깨닫는다. 그러고는 결코 벗어던질 수 없는 육신을 이끌고 속세로 나아가 자신만의 경험을 통해 깨달음을 찾기로 결심한다.

**도시_육신과 감각의 세계**

숲을 벗어나 도시 초입에 다다른 싯다르타는 가마를 탄 아름다운 기생 카말라를 보고 첫눈에 반한다.

가진 것 하나 없이 그녀를 찾아간 싯다르타는 뻔뻔하게도 자신이 승려로서의 수행을 접고 이 도시에 온 이유는 삶과 사랑의 기쁨을 배우기 위해서라며, 사랑의 스승이 되어 달라고 부탁한다. 싯다르타의 고고하고 당돌한 모습에 매료된 카말라는 그에게 육체의 쾌락과 사랑의 기쁨을 가르쳐 주고, 도시에서 가장 부유한 상인 밑에서 비서로 일하도록 주선해 준다. 싯다르타는 곧 상인의 신임을 얻어 모든 중요한 문서 작성과 거래를 도맡아 처리하고, 도시 안에서 빠르게 부와 명성을 쌓아 간다.

하지만 숲에서 배운 '무소유'의 가치를 떨치지 못한 그는 물질적 성공이나 부에 집착하는 속세 사람들을 어리석고 경박하다고 여기며 무시한다. 자신을 사랑해서 아이를 갖고 싶다고 말하는 카말라에게조차 사랑은 어린애 같은 사람들이나 빠지는 미성숙한 감정이라며 선을 긋는다. 속세에서의 쾌락과 성공, 인간관계 등 어디에서도 영원한 평화를 찾을 수 없다는 깨달음이 갈수록 그를 갉아먹는다. 그는 점점 강한 자극을 좇아 도박판에서 돈을 따 흥청망청 쓰는 방탕한 생활을 이어 간다. 속세에 살면서도 속세를 받아들이지 못한 그의 마음이 허무함에 사로잡힌 것이다.

결국 어느 날, 그는 홀연히 도시를 떠난다. 소식을 들은 카말라는 그의 행방을 애써 찾지 않는다. 오래전부터 그가 언젠가 다시 속세를 떠날 것임을 예감해 왔기 때문이다. 그녀는 집 대문을 걸어 잠그고, 그날부터 어떤 손님도 받지 않는다. 그리고 곧 자신이 싯다르타의 아이를 가졌다는 사실을 알게 된다.

**강 _ 생명과
회복의 세계**

도시를 떠난 싯다르타는 다시 숲으로 들어가 정처 없이 헤매다 강가에 이른다. 정신적 삶에서도 속세의 삶에서도 끝내 진정한 마음의 평화를 찾지 못한 그는 자신을 철저한 실패자라고 자책하며 순간적으로 강에 몸을 던지려 한다. 그러다 흐르는 강물을 바라보며 문득 깨닫는다.

> '이 강물은 흐르고 또 흐르며, 끊임없이 흐르지만, 언제나 거기에 존재하며, 언제 어느 때고 항상 동일한 것이면서도 매 순간 새롭다.'

강물은 숱한 굴곡을 만나 끊임없이 모습을 바꾸며 흐르지만, 여전히 '강'이라는 본질 안에 머문다. 싯다르타는 이런 강을 바라보며 자신 또한 수많은 실패와 변화에도 여전히 '삶'이라는 본질 안에 머물러 있음을 깨닫는다. 모든 실패와 상처를 품고 흘러가는 강처럼 삶 또한 끝없는 실패를 품고 흘러갈 거라는 생각에, 그는 비로소 지나온 삶의 실패들과 조용히 화해한다.

그리고 완전한 평화란 어느 한순간의 성취가 아니라 끝없이 변화하고 흐르는 삶 전체를 받아들이는 데서 온다는 사실을 깨닫는다.

이렇게 다시 삶에 대한 의지를 다잡은 싯다르타는 강가 나루터에 사는 뱃사공 바주데바의 집에 얹혀살며 뱃사공으로 살아간다.

## 떠나간 아들이
## 남긴 것

카말라는 싯다르타가 떠난 후 그의 아들을 낳고, 불가에 귀의해 살아간다. 그러던 어느 날, 어린 아들과 함께 순롓길에 올랐다가 숲에서 뱀에게 물리는 사고를 당한다. 아들은 독이 퍼져 가는 어머니를 껴안고 도와 달라며 울부짖고, 그 소리를 들은 뱃사공 바주데바는 모자를 자신의 강가 오두막으로 데려온다. 오두막에 있던 싯다르타는 독 때문에 온몸이 퉁퉁 부어오른 여인이 자신의 옛 연인 카말라임을 알아본다. 겨우 의식을 되찾은 그녀 역시 싯다르타를 알아보고, 마비되어 혀가 잘 움직이지 않은 채로 함께 있는 아이가 그의 아들이라고 말해 준다. 생의 마지막 순간에 당신을 보게 되어 기쁘다는 말을 하고 싶었지만, 혀가 굳어 그 마음을 다 전할 수 없었다. 한때 한 떨기 꽃처럼 아름다웠던 카말라는 늙고 고통스러운 모습으로 결국 싯다르타 곁에서 눈을 감는다. 싯다르타는 카말라의 시신을 화장하고, 열한 살짜리 아들과 강가 나루터에서 함께 살아가기 시작한다.

그런데 갑자기 어머니를 잃고 낯선 숲에서 지내게 된 아들은 걸핏하면 싯다르타를 무시하고 성질을 부린다. 싯다르타는 묵묵히 냉대와 무시를 견디며, 언젠가 아이의 마음을 얻기를 기다린다. 그는 아들을 너무나 사랑한 나머지 아들 없이 평화를 누리느니 차라리 아들 때문에 근심 걱정을 하며 사는 편이 낫다고 생각한다.

곁에서 이를 지켜보던 뱃사공 바주데바는 도시에서 자란 아이는 도시가 그리울 테니 아들을 보내 주라고 조언한다. 하지만 싯다르타는 고집스럽고 버릇없는 아들이 도시로 돌아가면 방탕하게 살까 봐 걱정된다며 차마 보내지 못한다. 과거에 수행길에 오르겠다며 하루아침에 아버지를 훌쩍 떠나왔던 싯다르타가 이제는 아들을 곁에 두고 싶어 쩔쩔매는 늙은 아버지가 된 것이다. 그러나 아들은 끝내 아버지의 품을 거부하고, 어느 날 홀연히 자신이 살던 도시로 도망친다.

도망간 아들을 찾아 헤매던 싯다르타는 과거 자신이 젊은 시절을 보낸 도시 근처에 다다른다. 카말라의 옛 정원 앞에 멈춰 선 그는 도시에서 보낸 청춘 시절과 아름다웠던 카말라, 그리고 고향에 남아 있는 아버지와 친구들을 떠올린다. 그렇게 스쳐 지나가는 과거 속에서 싯다르타는 문득 깨닫는다. 삶에서 영원히 붙잡아 둘 수 있는 것은 아무것도 없다는 것을. 아들 또한 이제 그만 놓아주어야 한다는 것을. 아들과의 이별에 아파하며 정원 구석에 한참을 쪼그리고 앉아 눈물짓던 그는 힘겹게 일어나 다시 나루터로 돌아온다.

그 뒤 싯다르타는 나룻배의 손님들을 이전과는 다른 시선으로 바라보게 된다. 예전에는 정신 수련을 거친 자신이 남들보다 우위에 있다고 생각했지만, 이제는 자신도 남들과 다르지 않다는 것을 안다. 자신도 남들과 똑같이 어린아이처럼 사랑에 매달려 보았고, 그 사랑으로 상처를 입었으며, 또 그 상처를 딛고 다시 세상을 살아가고 있었기 때문이다. 그는 이제 이해하게 되었다. 사랑과 슬픔, 미움 같은 모든 인간적인 감정은 유치한 것이 아니라 사람들을 살아가게 하는 소중한 원동력이라는 것을. 그리고 인간은 그런 감정을 통해 비로소 고립을 벗어나 타인을 이해하고 다가설 수 있다는 것을.

## 옴 Om _ '홀로 선 자아'에서 '함께 나아가는 우리'로

싯다르타는 아들에 대한 그리움에 사무칠 때마다 강을 들여다보며 위로를 얻는다. 강물 속에서는 그가 오래전 고향에 남겨 둔 아버지, 도시에 두고 온 카말라, 그리고

자신을 떠난 아들의 모습이 한데 어우러져 바다로 흘러간다. 그 안에서는 그리움에 애타는 탄식, 분노의 외침, 깨닫는 자의 웃음, 죽어 가는 사람의 신음 등 수많은 생명의 소리가 흩어지지 않고 모두 하나로 어우러져 흐른다.

 강물에 조용히 귀 기울이던 싯다르타는 그 수천의 소리가 어우러져 결국 단 하나의 소리, 불교에서 완성을 의미하는 '옴$^{Om}$'이라는 소리를 만들어 낸다는 사실을 발견한다. 바로 그 순간, 그는 자신이 더는 아들에게 버림받고 세상에 홀로 남겨진 고독한 존재가 아니라 이 땅의 무수한 생명과 함께 강을 이루고 바다로 나아가는 존재임을 깨닫는다. 그는 강 안에서 세상의 모든 생명과 애틋하게 연결되어 있었다. 그제서야 싯다르타에게 평생 찾아 헤매던 마음의 평화가 찾아오고, 소설은 여기서 막을 내린다.

♦

자신을 속세 사람들과는 다른 고고한 존재라고 믿으며 누구와도 온전히 교감하지 못하던 싯다르타는 아들을 만나고 사랑과 이별을 하며 처음으로 인간적인 감정에 휘둘리고 상처받는 자신을 발견했다. 그리고 그런 인간적인 감정을 통해 비로소 타인을 이해하고, 위로하며, 함께 일어설 수 있다는 소중한 진실을 깨닫는다. 그렇게 깨달음으로써 그는 '홀로 선 자아'에서 '함께 나아가는 우리'로 성장할 수 있었다.

삶은 정신이나 육신 어느 하나만으로는 온전히 살아 낼 수 없고, 다른 누구도 아닌 자신의 경험에 의해서만 온전한 깨달음에 이를 수 있다. 그 깨달음에 이르는 과정에서 숱한 실패와 상처를 맞닥뜨리겠지만, 그것조차 결국 '옴$^{Om}$'이라는 거대한 합일의 세계 안에 있다는 안도감, 그 안도감이야말로 이 작품이 우리에게 주는 가장 큰 선물이다.

고전책방

**1판 1쇄 펴낸날** 2025년 12월 10일

**지은이** 임지은

**본문일러스트** 임송록 김시현
**교정교열** 최양순

**펴낸이** 박경란
**펴낸곳** 심플라이프
**등 록** 제406-251002011000219호(2011년 8월 8일)
**전 화** 02.6013.3338
**팩 스** 02.6442.3380
**이메일** simplebooks@daum.net
**블로그** https://blog.naver.com/simplebooks
**인스타그램** @simplelife_books

© 임지은, 2025
**ISBN** 979-11-86757-99-4  03810

• 저작권법에 의해 보호를 받는 저작물이므로 무단 전재와 복제를 금합니다.
• 이 책의 일부 또는 전부를 이용하려면 저작권자와 심플라이프의 동의를 받아야 합니다.
• 책값은 뒤표지에 있습니다. 잘못된 책은 구입하신 곳에서 바꾸어 드립니다.